Naturlig Nytelse

Paleo Kokebok - Sunne og Smakfulle Oppskrifter

Ingrid Hansen

innhold

Grillede biffer med rotgrønnsakshasj 11
Asiatisk biff og grønnsaker 13
Cedar planke fileter med asiatisk slather og slaw 15
Pannestekt Tri-tip biff med blomkål Peperonata 18
Steker har poivre med dijonsopp 20
biff   20
S.O.S 20
Grillede flatjernssteker med karamellisert løk med Chipotle og salsasalat 23
biff   23
Salsa salat 23
Karamellisert løk 24
Grillet Ribeye med løk og hvitløk "smør" 26
Ribbesalat med grillede rødbeter 28
Kort ribbe i koreansk stil med sautert ingefærkål 30
Okseribbe med sitrus-fennikel Gremolata 33
Ribb   33
Gresskar i pannen 33
Gremolata 33
Biffbiff i svensk stil med sennep og agurksalat 36
Agurksalat 36
Prisen av å leve 36
Stekte biffburgere på ruccola med stekt rot 40
Grillede biffburgere med sesam-crusted tomater 43
Burgere på pinne med Baba Ghanoush-saus 45
Søt paprika fylt med røyk 47
Bisonburgere med cabernetløk og ruccola 49
Bison- og lammekjøttkake på smog og søtpoteter 52
Bisonkjøttboller med eplemos og rips med zucchini pappardelle 55
Kjøttboller 55
Eple- og ripssaus 55
Zucchini pappardelle 56

Bison-porcini Bolognese med spaghetti squash med stekt hvitløk 58
Bison Chili med kjøtt 61
Marokkansk krydret bisonsteker med grillede sitroner 63
Bison loin steak gnidd med urter fra Provence 65
Kaffebraisert bisonkortribbe med mandaringremolata og sellerirotpuré 67
marinert 67
Kok kvalt 67
Oksebeinbuljong 70
Spice Rubbed Tunisian svinekjøtt skulder med krydret søtpotet 72
Gris 72
Frites 72
Cuban grillet svinekjøtt skulder 75
Italiensk krydret svinestek med grønnsaker 78
Indrefilet av svin i sakteovnen 80
Svinekjøtt og gresskarstuing krydret med spisskummen 82
Toppbiff fylt med frukt med konjakksaus 84
Biff 84
Brandy saus 84
Stekt svinekjøtt i Porchetta-stil 87
Tomatillobrisert indrefilet av svin 89
Indrefilet av svin fylt med aprikoser 91
Urteskorpe indrefilet av svin med sprø hvitløksolje 93
Indisk krydret svinekjøtt med kokosnøttsaus 94
Svinekjøtt Scaloppini med krydrede epler og kastanjer 95
Stek svinekjøtt Fajita 98
Svinekam med portvin og svisker 100
Svinekjøtt i Moo Shu-stil i salatbeger med raske syltede grønnsaker 102
Syltede grønnsaker 102
Gris 102
Svinekoteletter med macadamias, salvie, fiken og søtpotetmos 104
Rosmarin lavendel pannestekt svinekoteletter med ristede druer og valnøtter ... 106
Fiorentina pinnekjøtt med grill brokkoli 108
Svinekoteletter fylt med escarole 110
Dijon-Pecan Crusted svinekoteletter 113
Valnøttsvinekjøtt med bjørnebær og spinatsalat 115

Svineschnitzel med sursøt rødkål ... 117
Kål   117
Gris   117
Røkt babyryggribbe med eple- og sennepsmoppsaus ... 119
Ribb   119
S.O.S   119
Ovnsgrillet svineribbe i landstil med frisk ananassalat ... 122
Krydret gulasj av svin ... 124
Gulasj ... 124
Kål   124
Marinara italienske pølsekjøttboller med hakket fennikel og sautert løk ... 126
Kjøttboller ... 126
sjømann ... 126
Zucchinibåter fylt med svinekjøtt med basilikum og pinjekjerner ... 128
"Daddy" boller med svinekjøtt og ananas med kokosmelk og urter ... 130
Krydret grillet svinekam med krydret agurksalat ... 132
Zucchini crust pizza med soltørket tomatpesto, paprika og italiensk pølse ... 134
Sitron-koriander røkt lammelår med grillet asparges ... 137
Lam Hot Pot ... 139
Lammegryte med sellerirotnudler ... 141
Franske lammekoteletter med granateple og daddelchutney ... 143
Chutney ... 143
lammekoteletter ... 143
Chimichurri lammekoteletter med sautert radicchio-salat ... 145
Ancho og salvie gnidde lammekoteletter med søtpotet og gulrotremulade ... 147
Lammekoteletter med sjalottløk, mynte og oregano ... 149
lam   149
Salat 149
Hagefylte lammeburgere med rød peppercoulis ... 151
Rød peppercoulis ... 151
Burger ... 151
Doble oregano lammespyd med tzatzikisaus ... 154
Brokkoli av lam ... 154
Tzatziki saus ... 154
Stekt kylling med safran og sitron ... 156

Spatchcocked kylling med Jicama Slaw ... 158
KYLLING ... 158
Slaw 158
Stekt kyllingbakpart med vodka, gulrøtter og tomatsaus ... 161
Poulet Rôti og Rutabaga Frites ... 163
Coq au Vin med tre sopp med gressløkpuré Rutabagas ... 165
Fersken-brandy glaserte trommer ... 168
Fersken-brandy glasur ... 168
Chilemarinert kylling med mango og melonsalat ... 170
KYLLING ... 170
Salat 170
Tandoori stil kyllinglår med agurk raita ... 173
KYLLING ... 173
Agurk Raita ... 173
Kyllinggryte med karri med rot, asparges og grønt eple- og myntesmak ... 175
Grillet kylling Paillard salat med bringebær, rødbeter og ristede mandler ... 177
Kyllingbryst fylt med brokkoli Rabe med fersk tomatsaus og Cæsarsalat ... 180
Grillet kylling shawarma wraps med krydrede grønnsaker og pinjekøtterdressing ... 182
Bakt kyllingbryst med sopp, hvitløkspuré og stekt asparges ... 184
Kyllingsuppe i thailandsk stil ... 186
Sitronsalviestekt kylling med endives ... 188
Kylling med te, brønnkarse og reddiker ... 191
Kylling tikka masala ... 193
Ras el Hanout kyllinglår ... 196
Stjernefrukt Adobo kyllinglår over kokt spinat ... 198
Poblano kyllingtaco med Chipotle Mayo ... 200
Kyllinggryte med gulrøtter og bok choy ... 202
Cashew-oransje kylling og stekt paprika i salatwraps ... 204
Vietnamesisk kylling med kokos og sitrongress ... 206
Grillet kyllingsalat og eple-escarole ... 209
Toskansk kyllingsuppe med kålbånd ... 211
Kylling lår ... 213
Kyllingburgere med Szechwan cashewsaus ... 215
Szechwan cashewsaus ... 215

Tyrkisk kyllingwrap 217

GRILLEDE BIFFER MED ROTGRØNNSAKSHASJ

OPPLÆRING:20 minutter stand: 20 minutter grill: 10 minutter stand: 5 minutter gjør: 4 porsjoner

STEKER HAR EN VELDIG MØR TEKSTUR,OG DEN LILLE FETTSTRIMMELEN PÅ DEN ENE SIDEN AV BIFFEN BLIR SPRØ OG RØYKFYLT PÅ GRILLEN. MIN TENKNING OM ANIMALSK FETT HAR ENDRET SEG SIDEN MIN FØRSTE BOK. HVIS DU HOLDER DEG TIL DE GRUNNLEGGENDE PRINSIPPENE FOR PALEO-DIETTEN OG HOLDER METTET FETT INNENFOR 10 TIL 15 PROSENT AV DINE DAGLIGE KALORIER, VIL DET IKKE ØKE RISIKOEN FOR HJERTESYKDOM, OG FAKTISK KAN DET MOTSATTE VÆRE SANT. NY INFORMASJON TYDER PÅ AT HEVING AV LDL-KOLESTEROL FAKTISK KAN REDUSERE SYSTEMISK BETENNELSE, SOM ER EN RISIKOFAKTOR FOR HJERTESYKDOM.

- 3 ss ekstra virgin olivenolje
- 2 ss nyrevet pepperrot
- 1 ts finhakket appelsinskall
- ½ ts malt spisskummen
- ½ ts sort pepper
- 4 stripe biffer (også kalt topp loin), kuttet ca 1 tomme tykt
- 2 mellomstore pastinakk, skrelt
- 1 stor søtpotet, skrelt
- 1 middels kålrot, skrelt
- 1 eller 2 sjalottløk, finhakket
- 2 fedd hvitløk, hakket
- 1 ss nyhakket timian

1. I en liten bolle blander du 1 ss olje, pepperrot, appelsinskall, spisskummen og ¼ ts pepper. Fordel

blandingen over biffer; dekk til og la stå i romtemperatur i 15 minutter.

2. I mellomtiden, for hashen, bruk et rivjern eller foodprosessor utstyrt med rivebladet, hakk pastinakk, søtpotet og kålrot. Legg oppkuttede grønnsaker i en stor bolle; legg til sjalottløk(er). I en liten bolle kombinerer du resterende 2 ss olje, resterende ¼ ts pepper, hvitløk og timian. Ringle over grønnsaker; rør for å blande godt. Brett et 36 x 18 tommer stykke tung folie i to for å lage en dobbel tykkelse på folie som måler 18 x 18 tommer. Legg grønnsaksblandingen i midten av folien; løft de motsatte kantene av folien og forsegl med en dobbel fold. Brett de resterende kantene for å omslutte grønnsakene helt, og gi rom for damp.

3. For en kull- eller gassgrill legger du biffene og foliepakken på grillen rett over middels varme. Dekk til og stek biffer i 10 til 12 minutter for medium sjeldne (145 °F) eller 12 til 15 minutter for medium (160 °F), snu en gang halvveis gjennom grillingen. Grill pakken i 10 til 15 minutter eller til grønnsakene er møre. La biffene stå i 5 minutter mens grønnsakene koker ferdig. Fordel grønnsakshash mellom fire serveringsfat; topp med biffer.

ASIATISK BIFF OG GRØNNSAKER

OPPLÆRING:30 minutter koketid: 15 minutter gjør: 4 porsjoner

FIVE SPICE POWDER ER EN BLANDING AV KRYDDER UTEN SALTMYE BRUKT I KINESISK MAT. DEN BESTÅR AV LIKE DELER MALT KANEL, NELLIK, FENNIKELFRØ, STJERNEANIS OG SZECHWAN PEPPERKORN.

- 1½ pund beinfri ytrefilet av storfe eller rund biff uten bein, kuttet 1 tomme tykt
- 1½ ts femkrydderpulver
- 3 ss raffinert kokosolje
- 1 liten rødløk, kuttet i tynne skiver
- 1 liten haug asparges (ca. 12 gram), trimmet og kuttet i 3-tommers biter
- 1½ kopper julienned gule og/eller oransje gulrøtter
- 4 fedd hvitløk, hakket
- 1 ts finhakket appelsinskall
- ¼ kopp fersk appelsinjuice
- ¼ kopp kjøttbeinbuljong (se<u>oppskrift</u>) eller usaltet oksebuljong
- ¼ kopp hvitvinseddik
- ¼ til ½ ts malt rød pepper
- 8 kopper grovhakket napakål
- ½ kopp usaltede skivede mandler eller grovhakkede usaltede cashewnøtter, ristede (se tips, side 57)

1. Om ønskelig, frys biffen delvis ned for å gjøre den lettere å kutte (ca. 20 minutter). Skjær kjøttet i veldig tynne skiver. I en stor bolle, kombinere biff og fem-krydder pulver. I en stor wok eller ekstra stor panne, varm 1 ss

kokosolje over middels høy varme. Tilsett halvparten av biffen; kok og rør i 3 til 5 minutter eller til de er brune. Overfør biff til en bolle. Gjenta med gjenværende biff og 1 spiseskje til olje. Overfør storfekjøttet til bollen med den andre kokte storfekjøttet.

2. Tilsett de resterende 1 ss olje i samme wok. Tilsett løk; kok og rør i 3 minutter. Tilsett asparges og gulrøtter; kok og rør i 2 til 3 minutter eller til grønnsakene er sprø og møre. Tilsett hvitløken; kok og rør i ytterligere 1 minutt.

3. Til sausen, i en liten bolle kombinerer du appelsinskall, appelsinjuice, oksebeinbuljong, eddik og kvernet rød pepper. Tilsett sausen og all biff med saft fra bollen til grønnsakene i woken. Kok og rør i 1-2 minutter eller til de er gjennomvarme. Bruk en hullsleiv til å overføre biffgrønnsakene til en stor bolle. Dekk til for å holde varmen.

4. Kok sausen uten lokk på middels varme i 2 minutter. Tilsett kål; kok og rør i 1 til 2 minutter eller til kålen er visnet. Fordel kålen og eventuell kokesaft på fire serveringsfat. Dekk jevnt med biffblandingen. Dryss over nøtter.

CEDAR PLANKE FILETER MED ASIATISK SLATHER OG SLAW

GJENNOMVÅT:1 time tilberedning: 40 minutter grill: 13 minutter stå: 10 minutter gjør: 4 porsjoner.

NAPAKÅL KALLES NOEN GANGER KINAKÅL. DEN HAR VAKRE, KREMETE, KREMETE BLADER MED LYSE GULGRØNNE TIPS. DEN HAR EN DELIKAT, MILD SMAK OG TEKSTUR - GANSKE FORSKJELLIG FRA DE VOKSAKTIGE BLADENE TIL RUNDHODEKÅL - OG ER IKKE OVERRASKENDE NATURLIG I RETTER I ASIATISK STIL.

1 stor sedertre planke
¼ unse tørket shiitake-sopp
¼ kopp valnøttolje
2 ts frisk hakket ingefær
2 ts malt rød pepper
1 ts knuste Szechwan pepperkorn
¼ teskje femkrydderpulver
4 fedd hvitløk, hakket
4 4- til 5-unse biffsteker, kuttet ¾ til 1 tomme tykke
Asiatisk slaw (se oppskrift, Nedre)

1. Plasser grillbrettet i vannet; senk vekten og la den trekke i minst 1 time.

2. I mellomtiden, for den asiatiske slather, i en liten bolle, hell kokende vann over den tørkede shiitakesoppen; la det sitte i 20 minutter for å rehydrere. Tøm soppen og legg i en foodprosessor. Tilsett valnøttolje, ingefær, knust rød pepper, Szechuan pepperkorn, femkrydderpulver og hvitløk. Dekk til og bearbeid til

sopp er hakket og ingrediensene er kombinert; sette til side.

3. Tøm grillbrettet. For en kullgrill, ordne middels varme kull rundt omkretsen av grillen. Legg grillbordet rett over kullene. Dekk til og grill i 3 til 5 minutter, eller til planken begynner å sprake og ryke. Legg biffene på grillen rett over kullene; grill i 3 til 4 minutter eller til de er ristet. Overfør biffene til skjærebrettet med den stekte siden opp. Plasser planken i midten av grillen. Fordel den asiatiske slatheren mellom biffene. Dekk til og grill i 10 til 12 minutter, eller til et termometer med øyeblikkelig avlesning satt inn horisontalt i biffene viser 130 ° F. (For en gassgrill, forvarm grillen. Reduser varmen til middels. Plasser drenert plank på grillen; dekk til og grill i 3 til 5 minutter eller til planken begynner å sprake og ryke. Legg biffene på grillen i 3 til 4 minutter eller til Overfør biffene til et skjærebrett med den stekte siden opp. Juster grillen for indirekte matlaging; legg stekebrett over brenneren som er slått av. Fordel slasken mellom biffene. Dekk til og grill i 10 til 12 minutter eller til et termometer som er satt inn horisontalt i biffene viser 130 °F.)

4. Fjern biffene fra grillen. Dekk biffene løst med folie; la det sitte i 10 minutter. Skjær biffene i ¼-tommers tykke skiver. Server biff over asiatisk salat.

Asiatisk salat: I en stor bolle, kombinere 1 middels napa kål, tynne skiver; 1 kopp finstrimlet rødkål; 2 gulrøtter, skrelt og kuttet i julienne strimler; 1 rød eller gul søt paprika, uthulet og svært tynne skiver; 4 ceps, i tynne skiver; 1 til 2 serrano-pepper, frøet og hakket (se Tips); 2 ss hakket koriander; og 2 ss hakket mynte. Til dressingen, i en foodprosessor eller blender kombinerer du 3 ss fersk sitronsaft, 1 ss nyrevet ingefær, 1 fedd hakket hvitløk og ⅛ ts femkrydderpulver. Dekk til og bearbeid til den er jevn. Med prosessoren i gang, tilsett gradvis ½ kopp valnøttolje og bearbeid til den er jevn. Tilsett 1 løk i tynne skiver i dressingen. Ringle over slaw og vend til belegg.

PANNESTEKT TRI-TIP BIFF MED BLOMKÅL PEPERONATA

OPPLÆRING:25 minutter koketid: 25 minutter gir: 2 porsjoner

PEPERONATA ER TRADISJONELT EN SAKTE-STEKT RAGUAV SØT PAPRIKA MED LØK, HVITLØK OG URTER. DENNE RASKE SAUTERTE VERSJONEN - LAGET TYKKERE MED BLOMKÅL - FUNGERER BÅDE SOM EN VELSMAKENDE OG EN SIDERETT.

2 4- til 6-ounce tri-tip biffer, kuttet ¾ til 1 tomme tykke

¾ teskje svart pepper

2 ss ekstra virgin olivenolje

2 røde og/eller gule paprika, frøet og skåret i skiver

1 sjalottløk, i tynne skiver

1 ts middelhavskrydder (se oppskrift)

2 kopper små blomkålbuketter

2 ss balsamicoeddik

2 ts nyhakket timian

1. Tørk biffene med tørkepapir. Dryss biffer med ¼ ts sort pepper. Varm 1 ss olje over middels høy varme i en stor panne. Legg steker til pannen; reduser varmen til middels. Stek biffene i 6 til 9 minutter til middels sjeldne (145 °F), snu av og til. (Hvis kjøttet brunes for raskt, reduser varmen.) Fjern biffer fra pannen; dekk løst med folie for å holde varmen.

2. For peperonata, tilsett de resterende 1 ss olje i pannen. Tilsett søt paprika og sjalottløk. Dryss over middelhavskrydder. Kok over middels varme i ca 5 minutter eller til paprikaen er myk, rør av og til. Tilsett blomkål, balsamicoeddik, timian og resterende ½ ts

sort pepper. Dekk til og kok i 10 til 15 minutter eller til blomkålen er mør, rør av og til. Ha biffene tilbake i pannen. Legg pepperonatablandingen på toppen av biffene. Server umiddelbart.

STEKER HAR POIVRE MED DIJONSOPP

OPPLÆRING:15 minutter matlaging: 20 minutter gjør: 4 porsjoner

DENNE FRANSKINSPIRERTE BIFFEN MED SOPPSAUSEN KAN VÆRE PÅ BORDET PÅ LITT OVER 30 MINUTTER, NOE SOM GJØR DEN TIL ET GODT VALG FOR ET RASKT UKEMÅLTID.

BIFF
- 3 ss ekstra virgin olivenolje
- 1 kilo små aspargesspyd, trimmet
- 4 6-unse flatjernssteker (beinfri oksefilet)*
- 2 ss frisk hakket rosmarin
- 1½ ts knust svart pepper

S.O.S
- 8 unser skivet fersk sopp
- 2 fedd hvitløk, hakket
- ½ kopp kjøttbeinbuljong (se oppskrift)
- ¼ kopp tørr hvitvin
- 1 ss sennep i Dijon-stil (se oppskrift)

1. Varm 1 ss olje i en stor panne på middels høy varme. Tilsett aspargesen; kok i 8 til 10 minutter eller til de er sprø, vri spydene av og til for å unngå brenning. Overfør aspargesen til en tallerken; dekk til med folie for å holde varmen.

2. Dryss biffene med rosmarin og pepper; gni med fingrene. Varm de resterende 2 ss olje over middels høy varme i samme panne. Legg til biffer; reduser varmen til

middels. Stek i 8 til 12 minutter for medium rare (145 °F), snu kjøttet av og til. (Hvis kjøttet brunes for raskt, reduser varmen.) Ta kjøttet ut av pannen, ta vare på dryppene. Dekk biffene løst med folie for å holde dem varme.

3. Til sausen, tilsett sopp og hvitløk i drypp til pannen; kok til den er myk, rør fra tid til annen. Tilsett kraft, vin og sennep i Dijon-stil. Stek på middels varme, og skrap opp eventuelle brunede biter fra bunnen av pannen. Kok opp; kok i 1 minutt til.

4. Del aspargesen på fire tallerkener. Topp med biffer; skje saus over biffer.

*Merk: Hvis du ikke finner 6-unse flatjernssteker, kjøp to 8- til 12-unse steker og skjær dem i to for å lage fire steker.

GRILLEDE FLATJERNSSTEKER MED KARAMELLISERT LØK MED CHIPOTLE OG SALSASALAT

OPPLÆRING:30 minutter mariner: 2 timer baking: 20 minutter avkjøling: 20 minutter grill: 45 minutter gjør: 4 porsjoner

FLATJERNSBIFF ER EN RELATIVT NY BIFFCUT UTVIKLET FOR BARE NOEN FÅ ÅR SIDEN. SKJÆRT FRA DEN SMAKFULLE CHUCKDELEN VED SIDEN AV SKULDERBLADET, DEN ER OVERRASKENDE MØR OG SMAKER MYE DYRERE ENN DEN ER, NOE SOM SANNSYNLIGVIS FORKLARER DEN RASKE ØKNINGEN I POPULARITET.

BIFF
- ⅓ kopp fersk sitronsaft
- ¼ kopp ekstra virgin olivenolje
- ¼ kopp grovhakket koriander
- 5 fedd hvitløk, hakket
- 4 6-unse flatjernssteker (benfri ytrefilet).

SALSA SALAT
- 1 frøfri (engelsk) agurk (skrelles om ønskelig), i terninger
- 1 kopp delte druetomater
- ½ kopp rødløk i terninger
- ½ kopp grovhakket koriander
- 1 chile poblano, frøet og i terninger (seTips)
- 1 jalapeño, frøet og hakket (seTips)
- 3 ss fersk sitronsaft
- 2 ss ekstra virgin olivenolje

KARAMELLISERT LØK

2 ss ekstra virgin olivenolje

2 store søte løk (som Maui, Vidalia, Texas Sweet eller Walla Walla)

½ ts malt chipotle pepper

1. For steker, legg steker i en gjenlukkbar plastpose i en grunne tallerken; sette til side. I en liten bolle kombinerer du sitronsaft, olje, koriander og hvitløk; hell over posesteker. Forseglet pose; gå tilbake til frakken. Mariner i kjøleskapet i 2 timer.

2. Til salaten, kombinere agurk, tomat, løk, koriander, poblano og jalapeño i en stor bolle. Rør for å kombinere. Til dressingen blander du sitronsaft og olivenolje i en liten bolle. Drypp dressing over grønnsaker; kaste for å dekke. Dekk til og avkjøl til servering.

3. For løk, forvarm ovnen til 400°F. Pensle innsiden av en nederlandsk ovn med litt olivenolje; sette til side. Skjær løken i to på langs, fjern skinnet og skjær deretter ¼ tomme tykke på tvers. Kombiner gjenværende olivenolje, løk og chipotle pepper i nederlandsk ovn. Dekk til og stek i 20 minutter. Dekk til og la avkjøles i ca 20 minutter.

4. Ha den avkjølte løken over i en foliegrillpose eller pakk løken inn i dobbelttykk folie. Stikk hull i toppen av folien flere steder med et spyd.

5. For en kullgrill, ordne middels varme kull rundt omkretsen av grillen. Test for middels varme over midten av grillen. Plasser pakken i midten av grillen. Dekk til og grill i ca 45 minutter eller til løken er myk og

ravfarget. (For en gassgrill, forvarm grillen. Reduser varmen til middels. Juster for indirekte tilberedning. Legg pakken over brenneren som er slått av. Dekk også til grillen som anvist.)

6. Fjern biffene fra marinaden; kast marinaden. For en kull- eller gassgrill legger du biffene direkte på grillen over middels høy varme. Dekk til og stek i 8 til 10 minutter eller til et termometer med øyeblikkelig avlesning satt inn horisontalt i biffene viser 135 °F, snu en gang. Ha biffene over på en tallerken, dekk lett med folie og la hvile i 10 minutter.

7. For å servere deler du salsaen mellom fire serveringsfat. Legg en biff på hver tallerken og legg en haug med karamellisert løk på toppen. Server umiddelbart.

Tilberedningsinstruksjoner: Salsaen kan lages og avkjøles i opptil 4 timer før servering.

GRILLET RIBEYE MED LØK OG HVITLØK "SMØR"

OPPLÆRING:10 minutter tilberedning: 12 minutter avkjøling: 30 minutter grilling: 11 minutter gjør: 4 porsjoner

VARMEN FRA DE NETTOPP GRILLEDE BIFFENE SMELTERHAUGER AV KARAMELLISERT LØK, HVITLØK OG URTER, SUSPENDERT I EN RIK BLANDING AV KOKOSOLJE OG OLIVENOLJE.

2 ss uraffinert kokosolje
1 liten løk, halvert og veldig tynne skiver (ca. ¾ kopp)
1 fedd hvitløk, skåret veldig tynne
2 ss ekstra virgin olivenolje
1 ss frisk hakket persille
2 ts nyhakket timian, rosmarin og/eller oregano
4 8- til 10-unse biff biff, kuttet 1-tommers tykk
½ ts nykvernet sort pepper

1. I en middels panne smelter du kokosoljen over svak varme. Tilsett løk; kok i 10 til 15 minutter eller til den er lett brun, rør av og til. Tilsett hvitløken; stek 2 til 3 minutter til eller til løken er gyldenbrun, rør av og til.

2. Ha løkblandingen over i en liten bolle. Rør inn olivenolje, persille og timian. Avkjøl, utildekket, i 30 minutter eller til blandingen er fast nok til å innlemme når den fjernes, rør av og til.

3. I mellomtiden drysser du biffene med pepper. For en kull- eller gassgrill legger du biffene direkte på grillen over middels varme. Dekk til og grill i 11 til 15 minutter for medium sjeldne (145 °F) eller 14 til 18 minutter for

medium (160 °F), snu en gang halvveis gjennom grillingen.

4. For å servere legger du hver biff på et serveringsfat. Hell straks løkblandingen jevnt over biffene.

RIBBESALAT MED GRILLEDE RØDBETER

OPPLÆRING:20 minutter grill: 55 minutter stå: 5 minutter gjør: 4 porsjoner

DEN JORDAKTIGE SMAKEN AV RØDBETENE PASSER VAKKERT SAMMENMED SØDMEN AV APPELSINER—OG RISTEDE PEKANNØTTER GIR LITT CRUNCH TIL DENNE HOVEDRETTSALATEN, SOM ER PERFEKT FOR Å SPISE UTENDØRS PÅ EN VARM SOMMERNATT.

- 1 kilo middels rød og/eller gylden rødbeter, skrelt, trimmet og skivet
- 1 liten løk, i tynne skiver
- 2 kvister fersk timian
- 1 ss ekstra virgin olivenolje
- Sprukket sort pepper
- 2 8-unse beinfri biff biff, kuttet ¾-tommers tykk
- 2 fedd hvitløk, kuttet i to
- 2 ss middelhavskrydder (se[oppskrift](#))
- 6 kopper blandet grønt
- 2 appelsiner, skrelt, delt og grovhakket
- ½ kopp hakkede pekannøtter, ristede (se[Tips](#))
- ½ kopp Bright Citrus vinaigrette (se[oppskrift](#))

1. Legg rødbeter, løk og timiankvistene i et foliebrett. Ringle over olje og bland for å kombinere; dryss lett med sprukket sort pepper. For en kull- eller gassgrill, plasser pannen i midten av grillen. Dekk til og grill i 55 til 60 minutter eller til de er møre når de er gjennomboret med en kniv, rør av og til.

2. Gni i mellomtiden begge sider av biffen med de kuttede sidene av hvitløken; dryss med middelhavskrydder.

3. Flytt rødbetene fra midten av grillen for å få plass til biffen. Legg til biffer for å grille direkte på middels varme. Dekk til og grill i 11 til 15 minutter for medium sjeldne (145 °F) eller 14 til 18 minutter for medium (160 °F), snu en gang halvveis gjennom grillingen. Fjern foliebrettet og biffene fra grillen. La biffene stå i 5 minutter. Kast timiankvistene fra foliebrettet.

4. Skjær den tynne biffen diagonalt i passe store biter. Fordel grønnsakene mellom fire serveringsfat. Topp med oppskåret biff, rødbeter, løkskiver, hakkede appelsiner og pekannøtter. Drypp med lys sitrusvinaigrette.

KORT RIBBE I KOREANSK STIL MED SAUTERT INGEFÆRKÅL

OPPLÆRING:50 minutter koking: 25 minutter baking: 10 timer avkjøling: over natten gjør: 4 porsjoner

PASS PÅ LOKKET PÅ DIN NEDERLANDSKE OVNDEN SITTER VELDIG TETT, SLIK AT KOKEVÆSKEN UNDER DEN SVÆRT LANGE KOKETIDEN IKKE FORDAMPER HELE VEIEN GJENNOM ET GAP MELLOM LOKKET OG KJELEN.

1 unse tørket shiitake-sopp

1½ kopper te skåret i skiver

1 asiatisk pære, skrelt, kjerneskåret og hakket

1 3-tommers stykke fersk ingefær, skrelt og hakket

1 serrano pepper, finhakket (frø om ønskelig) (se Tips)

5 fedd hvitløk

1 ss raffinert kokosolje

5 pounds av bein-i biff short ribs

Nykvernet sort pepper

4 kopper oksebeinbuljong (se oppskrift) eller usaltet oksebuljong

2 kopper skivet fersk shiitake-sopp

1 ss finhakket appelsinskall

⅓ kopp fersk juice

Sautert ingefærkål (se oppskrift, Nedre)

Finhakket appelsinskall (valgfritt)

1. Forvarm ovnen til 325°F. Legg tørket shiitake-sopp i en liten bolle; tilsett nok kokende vann til å dekke. La sitte i ca 30 minutter eller til den er rehydrert og myk. Tøm, ta vare på bløtleggingsvæsken. Finhakk soppen. Plasser

sopp i en liten bolle; dekk til og avkjøl til nødvendig i trinn 4. Sett sopp og væske til side.

2. Til sausen, bland løk, asiatisk pære, ingefær, serrano, hvitløk og sopp i en foodprosessor. Dekk til og bearbeid til den er jevn. Sett sausen til side.

3. I en 6-liters nederlandsk ovn, varm kokosoljen over middels høy varme. Dryss den korte ribben med nykvernet sort pepper. Kok ribba, i partier, i varm kokosolje i ca 10 minutter eller til de er godt brune på alle sider, snu halvveis gjennom stekingen. Legg alle ribbeina tilbake i gryten; tilsett saus og oksebeinbuljong. Dekk den nederlandske ovnen med et tettsittende lokk. Stek i ca 10 timer eller til kjøttet er veldig mørt og faller av beinet.

4. Fjern ribba forsiktig fra sausen. Legg ribbe og saus i separate boller. Dekk til og avkjøl over natten. Når det er avkjølt, skum fettet fra overflaten av sausen og kast. Kok opp sausen over høy varme; tilsett den hydrerte soppen fra trinn 1 og den ferske soppen. Kok forsiktig i 10 minutter for å redusere sausen og intensivere smakene. Returner ribben til saus; kok til den er gjennomvarme. Bland 1 ss appelsinskall og appelsinjuice. Server med sautert ingefærkål. Dryss over ekstra appelsinskall om ønskelig.

Sautert ingefærgrønnkål: Varm opp 1 ss raffinert kokosolje i en stor stekepanne over middels høy varme. Tilsett 2 ss frisk hakket ingefær; 2 fedd hvitløk, hakket; og malt rød pepper etter smak. Kok og rør til dufter, ca 30 sekunder. Tilsett 6 kopper strimlet napakål eller grønnkål og 1 asiatisk pære, skrellet, kjernekjernet og i tynne skiver. Kok og rør i 3 minutter eller til kålen visner litt og pæren mykner. Rør inn ½ kopp usøtet eplejuice. Dekk til og kok i ca 2 minutter til kålen er mør. Bland ½ kopp oppskåret te og 1 ss sesamfrø.

OKSERIBBE MED SITRUS-FENNIKEL GREMOLATA

OPPLÆRING:40 minutter grilling: 8 minutter saktekoking: 9 timer (lav) eller 4½ time (høy) gir: 4 porsjoner

GREMOLATA ER EN AROMATISK BLANDINGAV PERSILLE, HVITLØK OG SITRONSKALL, SOM DRYSSES PÅ OSSO BUCCO - DEN KLASSISKE ITALIENSKE, STUEDE KALVERETTEN - FOR Å LA DENS RIKE, SMØRAKTIGE SMAK SKINNE. KASTET MED APPELSINSKALL OG FJÆRAKTIGE FRISKE FENNIKELBLADER, GJØR DET DET SAMME FOR DISSE MØRE BIFFRIBBENE.

RIBB
- 2½ til 3 pounds bein-i biff korte ribber
- 3 ss sitron- og urtekrydder (se oppskrift)
- 1 middels fennikelpære
- 1 stor løk, kuttet i store skiver
- 2 kopper oksebeinbuljong (se oppskrift) eller usaltet oksebuljong
- 2 fedd hvitløk, kuttet i to

GRESSKAR I PANNEN
- 3 ss ekstra virgin olivenolje
- 1 pund butternut squash, skrellet, frøet og kuttet i ½-tommers biter (ca. 2 kopper)
- 4 ts nyhakket timian
- Ekstra virgin olivenolje

GREMOLATA
- ¼ kopp hakket fersk persille
- 2 ss finhakket hvitløk
- 1½ ts finrevet sitronskall

1½ ts finhakket appelsinskall

1. Dryss kortribbe med sitronkrydder og urter; gni kjøttet forsiktig med fingrene; sette til side. Fjern bladene fra fennikelen; satt til side for Citrus-fennikel Gremolata. Klipp og kvart fennikelløken.

2. For en kullgrill, ordne middels varme kull på den ene siden av grillen. Test for middels varme over grill uten kull. Legg den korte ribben på grillen på siden uten kullene; legg fennikelkvarter og løkskiver på grillen rett over kull. Dekk til og grill i 8 til 10 minutter eller til grønnsaker og ribbe er akkurat brunet, snu en gang halvveis gjennom tilberedningen. (For en gassgrill, forvarm grillen, reduser varmen til middels. Juster for indirekte tilberedning. Plasser ribben på grillen over brenneren som er av; legg fennikel og løk på grillen over brenneren som er på. Dekk også til grillen som anvist.) Når er kjølig nok til å håndtere, grovhakk fennikel og løk.

3. I en 5- til 6-liters kasserolle kombinerer du hakket fennikel og løk, oksebeinbuljong og hvitløk. Legg til ribbe. Dekk til og kok på lav varme i 9 til 10 timer eller 4½ til 5 timer på høy varmeinnstilling. Bruk en hullsleiv til å overføre ribba til et fat; dekk til med folie for å holde varmen.

4. I mellomtiden, for gresskaret, varm de 3 ss olje i en stor stekepanne over middels høy varme. Tilsett squashen og 3 ts timian, bland for å belegge squashen. Legg squashen i et enkelt lag i pannen og stek uten å røre i ca 3 minutter eller til den er brun på undersiden. Snu

gresskarbiter; stek i ca. 3 minutter til eller til den andre siden er brunet. Reduser varmen til lav; dekk til og kok i 10 til 15 minutter eller til de er møre. Dryss med resterende 1 ts frisk timian; drypp med extra virgin olivenolje.

5. For gremolata, finhakk nok reserverte fennikelblader til å lage ¼ kopp. Bland de hakkede fennikelbladene, persille, hvitløk, sitronskall og appelsinskall i en liten bolle.

6. Dryss gremolata over ribba. Server med zucchini.

BIFFBIFF I SVENSK STIL MED SENNEP OG AGURKSALAT

OPPLÆRING:30 minutter koketid: 15 minutter gjør: 4 porsjoner

BIFF À LA LINDSTROM ER EN SVENSK HAMBURGERSOM TRADISJONELT ER SPEKKET MED LØK, KAPERS OG SYLTEDE RØDBETER SERVERT MED SAUS OG UTEN BOLLE. DENNE ALLEHÅNDE-INFUNDERTE VERSJONEN ERSTATTER STEKTE RØDBETER MED SYLTEDE RØDBETER OG SALTHOLDIGE KAPERS OG TOPPES MED ET STEKT EGG.

AGURKSALAT
    2 ts fersk appelsinjuice
    2 ts hvitvinseddik
    1 ts Dijon-stil sennep (se oppskrift)
    1 ss ekstra virgin olivenolje
    1 stor frøfri (engelsk) agurk, skrellet og skåret i skiver
    2 ts skivet te
    1 ss nyhakket dill

PRISEN AV Å LEVE
    1 kg kjøttdeig
    ¼ kopp finhakket løk
    1 ss sennep i Dijon-stil (se oppskrift)
    ¾ teskje svart pepper
    ½ ts malt allehånde
    ½ av en liten rødbete, stekt, skrellet og finhakket*
    2 ss ekstra virgin olivenolje
    ½ kopp kjøttbeinbuljong (se oppskrift) eller usaltet oksebuljong
    4 store egg

1 ss finhakket gressløk

1. Til agurksalaten, visp sammen appelsinjuice, eddik og dijonsennep i en stor bolle. Tilsett olivenolje sakte i en tynn stråle, og visp til dressingen tykner litt. Tilsett agurk, løk og dill; bland til kombinert. Dekk til og avkjøl til servering.

2. For biffkjøttbollene, kombinere kjøttdeig, løk, dijonsennep, pepper og allehånde i en stor bolle. Tilsett de stekte rødbetene og bland forsiktig til de er jevnt innlemmet i kjøttet. Form blandingen til fire ½-tommers tykke bøffer.

3. Varm opp 1 ss olivenolje over middels høy varme i en stor panne. Stek kjøttbollene i ca. 8 minutter eller til de er brune på utsiden og gjennomstekt (160°), snu en gang. Ha kjøttbollene over på en tallerken og dekk med folie for å holde dem varme. Tilsett oksebeinbuljong, rør for å skrape opp eventuelle brunede biter fra bunnen av pannen. Kok i ca 4 minutter eller til halvparten er redusert. Drypp kjøttboller med redusert pannesaft og dekk løst igjen.

4. Skyll og tørk av pannen med et papirhåndkle. Varm opp den resterende 1 ss olivenolje over middels varme. Stek eggene i den varme oljen i 3 til 4 minutter eller til hvitene er kokt, men plommene fortsatt er myke og rennende.

5. Legg et egg på hver biffbiff. Dryss over gressløk og server med agurksalat.

*Tips: For å steke rødbetene, gni dem godt og legg dem på et stykke aluminiumsfolie. Drypp over litt olivenolje. Pakk inn i folie og forsegl tett. Stek i en ovn ved 375°F i ca 30 minutter eller til en gaffel lett gjennomborer rødbetene. La det avkjøles; slip huden. (Beter kan stekes opptil 3 dager i forveien. Pakk skrellede ristede rødbeter godt inn og avkjøl.)

STEKTE BIFFBURGERE PÅ RUCCOLA MED STEKT ROT

OPPLÆRING:40 minutter steking: 35 minutter steking: 20 minutter gir: 4 porsjoner

DET ER MANGE ELEMENTERTIL DISSE SOLIDE BURGERNE – OG DE TAR LITT TID Å SETTE SAMMEN – MEN DEN UTROLIGE KOMBINASJONEN AV SMAKER GJØR INNSATSEN VEL VERDT DET: EN KJØTTFULL BURGER TOPPES MED KARAMELLISERT LØK OG SOPPSAUS OG SERVERES MED SØTE RISTEDE GRØNNSAKER OG PEPPER. VILJESTERK

- 5 ss ekstra virgin olivenolje
- 2 kopper knapp, cremini og/eller fersk shiitake-sopp i skiver
- 3 gule løk, i tynne skiver*
- 2 ts spisskummen frø
- 3 gulrøtter, skrelt og kuttet i 1-tommers biter
- 2 pastinakk, skrelt og kuttet i 1-tommers biter
- 1 eikenøttsquash, halvert, frøsådd og skåret i skiver
- Nykvernet sort pepper
- 2 kg kjøttdeig
- ½ kopp finhakket løk
- 1 ss saltfri universalkrydderblanding
- 2 kopper oksebeinbuljong (se oppskrift) eller usaltet oksebuljong
- ¼ kopp usøtet eplejuice
- 1 til 2 ss tørr sherry eller hvitvinseddik
- 1 ss sennep i Dijon-stil (se oppskrift)
- 1 ss nykuttede timianblader
- 1 ss nykuttede bladpersille

8 kopper ruccolablader

1. Forvarm ovnen til 425°F. For sausen, i en stor panne, varm 1 ss olivenolje over middels høy varme. Tilsett soppen; kok og rør i ca 8 minutter eller til de er godt brune og møre. Med en hullsleiv overfører du soppen til en tallerken. Sett pannen tilbake i brenneren; reduser varmen til middels. Tilsett resterende 1 ss olivenolje, skivet løk og spisskummen. Dekk til og stek i 20 til 25 minutter eller til løken er veldig myk og brun, rør av og til. (Juster varmen etter behov for å forhindre at løk brenner seg.)

2. I mellomtiden, for de ristede rotgrønnsakene, legg gulrøtter, pastinakk og squash på en stor stekeplate. Drypp med 2 ss olivenolje og dryss med pepper etter smak; kast for å belegge grønnsakene. Stek i 20 til 25 minutter eller til de er møre og begynner å bli brune, snu en gang halvveis. Hold grønnsakene varme til de skal serveres.

3. For burgere, kombinere kjøttdeig, finhakket løk og krydderblanding i en stor bolle. Del kjøttblandingen i fire like store deler og form til kjøttboller, omtrent ¾ tommer tykke. I en veldig stor panne, varm opp den resterende 1 ss olivenolje over middels høy varme. Legg burgere til pannen; stek i ca. 8 minutter eller til de er brune på begge sider, snu en gang. Ha burgerne over på en tallerken.

4. Tilsett karamellisert løk, reservert sopp, oksebeinbuljong, eplejuice, sherry og Dijon-stil sennep i pannen, rør for å kombinere. Legg burgerne i pannen. Kok opp. Kok til

burgerne er ferdige (160 ° F), ca. 7 til 8 minutter. Rør inn fersk timian, persille og pepper etter smak.

5. For å servere, legg 2 kopper ruccola på hver av fire serveringsfat. Fordel de stekte grønnsakene mellom salatene, og topp med burgere. Ha løkblandingen sjenerøst på burgerne.

*Tips: En mandolinkutter er veldig nyttig når du skjærer løk i tynne skiver.

GRILLEDE BIFFBURGERE MED SESAM-CRUSTED TOMATER

OPPLÆRING: 30 minutter stå: 20 minutter grill: 10 minutter gjør: 4 porsjoner

SPRØ, GYLLENBRUNE, SESAM-SKORPE TOMATSKIVERBYTT UT DEN TRADISJONELLE SESAMBOLLEN I DISSE RØYKFYLTE BURGERNE. SERVER DEM MED KNIV OG GAFFEL.

4 ½ tomme tykke røde eller grønne tomatskiver*
1¼ pund magert biff
1 ss røkt krydder (se oppskrift)
1 stort egg
¾ kopp mandelmel
¼ kopp sesamfrø
¼ teskje svart pepper
1 liten rødløk, kuttet i to og skjært i skiver
1 ss ekstra virgin olivenolje
¼ kopp raffinert kokosolje
1 Bibb-salat
Paleo Ketchup (se oppskrift)
Dijon-stil sennep (se oppskrift)

1. Legg tomatskivene på et dobbelt lag tørkepapir. Dekk tomatene med et nytt dobbelt lag tørkepapir. Trykk forsiktig på tørkepapiret slik at de fester seg til tomatene. La stå i romtemperatur i 20 til 30 minutter slik at noe av tomatjuicen absorberes.

2. I mellomtiden, i en stor bolle, kombinere kjøttdeig og røkt krydder. Form til fire ½-tommers tykke bøffer.

3. I en litt dyp bolle, pisk egget forsiktig med en gaffel. I en annen grunn bolle kombinerer du mandelmel, sesamfrø og pepper. Dypp hver tomatskive i egget, snu til pels. La det overflødige egget dryppe av. Dypp hver tomatskive i mandelmelblandingen, snu til pels. Legg de belagte tomatene på en flat tallerken; sette til side. Bland løkskivene med olivenolje; legg løkskiver i en grillkurv.

4. For en kull- eller gassgrill legger du løken i kurven og biffkjøttbollene på grillen på middels varme. Dekk til og stek i 10 til 12 minutter, ellers er løkene gyllenbrune og litt forkullet og kjøttbollene er ferdige (160°), rør løken av og til og vend kjøttbollene en gang.

5. I mellomtiden, i en stor stekepanne, varm oljen over middels varme. Legg til tomatskiver; kok i 8 til 10 minutter eller til de er gylne, snu en gang. (Hvis tomatene blir brune for raskt, reduser varmen til middels lav. Tilsett eventuelt mer olje.) Tøm av på en tallerken med tørkepapir.

6. For å servere deler du salaten mellom fire serveringsfat. Topp med kjøttboller, løk, paleoketchup, sennep i Dijon-stil og tomater med sesamskorpe.

*Merk: Du trenger sannsynligvis 2 store tomater. Hvis du bruker røde tomater, velg tomater som akkurat er modne, men fortsatt litt faste.

BURGERE PÅ PINNE MED BABA GHANOUSH-SAUS

GJENNOMVÅT:15 minutter tilberedning: 20 minutter grilling: 35 minutter gjør: 4 porsjoner

BABA GHANOUSH ER ET PÅLEGG FRA MIDTØSTENLAGET AV GRILLET RØKT AUBERGINEPURÉ MED OLIVENOLJE, SITRON, HVITLØK OG TAHINI, EN PASTA LAGET AV MALTE SESAMFRØ. ET DRYSS MED SESAMFRØ ER GREIT, MEN NÅR DE LAGES TIL EN OLJE ELLER PASTA, BLIR DE EN KONSENTRERT KILDE TIL LINOLSYRE, SOM KAN BIDRA TIL BETENNELSE. PINJEKJERNSMØRET SOM BRUKES HER ER EN FIN ERSTATNING.

4 tørkede tomater
1½ kilo magert biff
3 til 4 ss finhakket løk
1 ss finhakket fersk oregano og/eller finhakket fersk mynte eller ½ ts tørket oregano, knust
¼ teskje kajennepepper
Baba Ghanoush dippesaus (se oppskrift, Nedre)

1. Bløtlegg åtte 10-tommers trespyd i vann i 30 minutter. I mellomtiden, i en liten bolle, hell kokende vann over tomatene; la stå i 5 minutter for å rehydrere. Tøm tomatene og tørk dem med tørkepapir.

2. Kombiner hakkede tomater, biff, løk, oregano og cayennepepper i en stor bolle. Del kjøttblandingen i åtte porsjoner; rull hver porsjon til en ball. Fjern spydene fra vannet; tørke. Plasser en ball på et spyd og lag en lang oval rundt spyden, start like under den spisse

spissen og la det være nok plass i den andre enden til å holde pinnen. Gjenta med de resterende spydene og kulene.

3. For en kull- eller gassgrill, plasser biffspyd på en direkte grill over middels varme. Dekk til og stek i omtrent 6 minutter eller til den er ferdig (160°F), snu en gang halvveis. Server med Baba Ghanoush-saus.

Baba Ghanoush dipsaus: Prikk 2 mellomstore auberginer flere steder med en gaffel. For en kull- eller gassgrill, plasser auberginen på en direkte grill over middels varme. Dekk til og grill i 10 minutter eller til de er forkullet på alle sider, snu flere ganger under grillingen. Fjern auberginen og pakk forsiktig inn i folie. Legg den innpakkede auberginen tilbake på grillen, men ikke rett over kullene. Dekk til og grill i ytterligere 25 til 35 minutter eller til den er kollapset og veldig mør. Kald. Halver auberginen og skrap ut kjøttet; legg kjøttet i en foodprosessor. Tilsett ¼ kopp pinjekjernersmør (se oppskrift); ¼ kopp fersk sitronsaft; 2 fedd hvitløk, hakket; 1 ss ekstra virgin olivenolje; 2 til 3 ss hakket fersk persille; og ½ ts malt spisskummen. Dekk til og bearbeid til nesten jevn. Hvis sausen er for tykk til å dyppes, rør inn nok vann for å oppnå ønsket konsistens.

SØT PAPRIKA FYLT MED RØYK

OPPLÆRING:20 minutter steking: 8 minutter baking: 30 minutter gir: 4 porsjoner

GJØR DENNE FAMILIEFAVORITTENMED EN BLANDING AV FARGERIK PAPRIKA FOR EN TILTALENDE RETT. STEKT TOMATER ER ET GODT EKSEMPEL PÅ HVORDAN MAN KAN SETTE SMAK PÅ MAT PÅ EN SUNN MÅTE. DEN ENKLE HANDLINGEN MED LETT FORKULLING AV TOMATER FØR HERMETIKK (UTEN SALT) FORBEDRER SMAKEN.

4 store grønne, røde, gule og/eller oransje paprika

1 kg kjøttdeig

1 ss røkt krydder (se oppskrift)

1 ss ekstra virgin olivenolje

1 liten gul løk, hakket

3 fedd hvitløk, hakket

1 lite blomkålhode, kjernet ut og delt i buketter

1 15-unse boks uten salt tilsatt, ildstekte tomater i terninger, drenert

¼ kopp finhakket fersk persille

½ ts sort pepper

⅛ teskje kajennepepper

½ kopp nøttesmuletopp (se oppskrift, Nedre)

1. Forvarm ovnen til 375°F. Skjær paprikaen i to vertikalt. Fjern stilker, frø og membraner; kaste Legg paprikahalvdelene til side.

2. Legg biff i en middels bolle; dryss over røkt krydder. Bruk hendene til å blande krydderne forsiktig inn i kjøttet.

3. Varm opp olivenolje på middels varme i en stor panne. Tilsett kjøtt, løk og hvitløk; stek til kjøttet er brunet og løken er mør, rør med en tresleiv for å bryte opp kjøttet. Fjern kjelen fra varmen.

4. Bearbeid blomkålbukettene i en foodprosessor til de er veldig finhakket. (Hvis du ikke har kjøkkenmaskin, riv blomkålen på et rivjern.) Mål opp 3 kopper blomkål. Tilsett biffblandingen i pannen. (Hvis det er blomkål igjen, lagre det til en annen bruk.) Tilsett de drenerte tomatene, persille, sort pepper og cayennepepper.

5. Fyll paprikahalvdelene med kjøttdeigblandingen, pakk den lett og omslutt den forsiktig. Legg de fylte paprikahalvdelene i en ildfast form. Stek i 30 til 35 minutter eller til paprikaen er sprø og mør.* Topp med pecan-smuletopp. Om ønskelig, sett tilbake i ovnen i 5 minutter for en sprø topping før servering.

Valnøttsmuletopping: Varm opp 1 ss ekstra virgin olivenolje i en middels stekepanne over middels lav varme. Bland 1 ts tørket timian, 1 ts røkt paprika og ¼ ts hvitløkspulver. Tilsett 1 kopp veldig finhakkede valnøtter. Kok og rør i ca 5 minutter eller til nøttene er gyldenbrune og lett ristet. Tilsett et dryss eller to kajennepepper. La den avkjøles helt. Oppbevar rester av topping i en tett lukket beholder i kjøleskapet til den skal brukes. Gir 1 kopp.

*Merk: Hvis du bruker grønn paprika, stek i ytterligere 10 minutter.

BISONBURGERE MED CABERNETLØK OG RUCCOLA

OPPLÆRING:30 minutter tilberedning: 18 minutter grilling: 10 minutter gir: 4 porsjoner

BISON HAR ET VELDIG LAVT FETTINNHOLD OG VIL KOKE 30% TIL 50% RASKERE ENN BIFF. KJØTT BEHOLDER SIN RØDE FARGE ETTER TILBEREDNING, SÅ FARGEN ER IKKE EN INDIKATOR PÅ FERDIGHET. FORDI BISON ER SÅ MAGER, IKKE KOK DEN OVER EN INDRE TEMPERATUR PÅ 155 °F.

- 2 ss ekstra virgin olivenolje
- 2 store søte løk, i tynne skiver
- ¾ kopp Cabernet Sauvignon eller annen tørr rødvin
- 1 ts middelhavskrydder (se oppskrift)
- ¼ kopp ekstra virgin olivenolje
- ¼ kopp balsamicoeddik
- 1 ss finhakket sjalottløk
- 1 ss frisk hakket basilikum
- 1 lite fedd hvitløk, finhakket
- 1 kilo malt bison
- ¼ kopp basilikumpesto (se oppskrift)
- 5 kopper ruccola
- Rå usaltede pistasjnøtter, ristede (se Tips)

1. Varm 2 ss olje i en stor panne på middels lav varme. Tilsett løken. Kok, dekket, i 10 til 15 minutter eller til løken er mør, rør av og til. Oppdage; kok og rør over middels høy varme i 3 til 5 minutter eller til løken er gylden. Tilsett vin; kok ca 5 minutter eller til

mesteparten av vinen har fordampet. Dryss med middelhavskrydder; holde varm

2. I mellomtiden, for vinaigretten, kombinerer du ¼ kopp olivenolje, eddik, sjalottløk, basilikum og hvitløk i en krukke med skrulokk. Dekk til og rist godt.

3. Bland forsiktig den malte bison- og basilikumpestoen i en stor bolle. Form forsiktig kjøttblandingen til fire ¾-tommers tykke bøffer.

4. For en kull- eller gassgrill legger du kjøttboller på en lett smurt grill rett over middels varme. Dekk til og grill i ca. 10 minutter til ønsket ferdighet (145 °F for medium sjeldne eller 155 °F for medium), snu en gang halvveis gjennom grillingen.

5. Legg ruccolaen i en stor bolle. Drypp vinaigrette over ruccola; kaste for å dekke. For å servere, del løk mellom fire serveringsfat; topp hver med en bisonburger. Topp burgerne med ruccola og strø over pistasjnøtter.

BISON- OG LAMMEKJØTTKAKE PÅ SMOG OG SØTPOTETER

OPPLÆRING:1 time matlaging: 20 minutter baking: 1 time stå: 10 minutter gjør: 4 porsjoner

DETTE ER GOD GAMMELDAGS KOMFORTMATMED EN MODERNE VRI. EN RØDVINSSAUS GIR SMAK TIL KAKEN, OG HVITLØKSSMOGGEN OG SØTPOTETENE SAMMEN MED CASHEWKREM OG KOKOSNØTTOLJE GIR ET UTROLIG NÆRINGSINNHOLD.

2 ss olivenolje

1 kopp finhakket cremini-sopp

½ kopp finhakket rødløk (1 medium)

½ kopp finhakket selleri (1 stilk)

⅓ kopp finhakket gulrot (1 liten)

½ av et lite kjernehus eple, skrelt og hakket

2 fedd hvitløk, hakket

½ teskje middelhavskrydder (se oppskrift)

1 stort egg, lett pisket

1 ss hakket fersk salvie

1 ss nyhakket timian

8 gram malt bison

8 gram malt lam eller biff

¾ kopp tørr rødvin

1 middels sjalottløk, finhakket

¾ kopp kjøttbeinbuljong (se oppskrift) eller usaltet oksebuljong

Søtpotetmos (se oppskrift, Nedre)

Chard med hvitløk (se oppskrift, Nedre)

1. Forvarm ovnen til 350°F. Varm oljen over middels varme i en stor panne. Tilsett sopp, løk, selleri og gulrot; kok og rør i ca 5 minutter eller til grønnsakene er møre. Reduser varmen til lav; tilsett det hakkede eplet og hvitløken. Kok under lokk i ca 5 minutter eller til grønnsakene er veldig møre. Fjern fra varme; bland inn middelhavskrydder.

2. Bruk en hullsleiv til å overføre soppblandingen til en stor bolle, og ta vare på dryppene i pannen. Rør inn egg, salvie og timian. Tilsett bison og malt lam; bland forsiktig. Hell kjøttblandingen i en 2-quart rektangulær panne; danner et 7×4 tommers rektangel. Stek i ca. 1 time eller til et termometer med øyeblikkelig avlesning registrerer 155 °F. La det stå i 10 minutter. Fjern kjøttkaken forsiktig på et serveringsfat. Dekk til og hold varmt.

3. For pannesausen, skrap dryppene og sprøbrune biter fra bakebollen inn i de reserverte dryppene i pannen. Tilsett vin og sjalottløk. Kok opp på middels varme; kok til halvparten. Tilsett oksebeinbuljong; kok og rør til halvparten er redusert. Fjern kjelen fra varmen.

4. For å servere deler du søtpotetmosen mellom fire serveringsfat; topp med litt sveitsisk hvitløkssmog. Skjær kjøttbrød; legg skiver på hvitløk Chard og drypp med pannesaus.

Søtpotetmos: Skrell og grovhakk 4 mellomstore søtpoteter. Kok poteter i en stor gryte i nok kokende vann til å dekke i 15 minutter eller til de er møre; lekkasje Puré med en potetmos. Tilsett ½ kopp cashewkrem (se<u>oppskrift</u>) og 2 ss uraffinert kokosolje; puré til glatt. Holde varm.

Chard Chard: Fjern stilkene fra 2 bunter og kast. Grovhakk bladene. Varm 2 ss olivenolje over middels varme i en stor panne. Tilsett mangold og 2 fedd hvitløk, hakket; kok til smogen er visnet, vend av og til.

BISONKJØTTBOLLER MED EPLEMOS OG RIPS MED ZUCCHINI PAPPARDELLE

OPPLÆRING:25 minutter baking: 15 minutter steking: 18 minutter gir: 4 porsjoner

KJØTTBOLLENE BLIR VELDIG FUKTIGEMENS DU DANNER DEM. FOR Å UNNGÅ AT KJØTTBLANDINGEN FESTER SEG TIL HENDENE, HOLD EN BOLLE MED KALDT VANN TILGJENGELIG OG VÅT HENDENE AV OG TIL MENS DU JOBBER. SKIFT VANNET NOEN GANGER MENS DU LAGER KJØTTBOLLENE.

KJØTTBOLLER
  Oliven olje
  ½ kopp grovhakket rødløk
  2 fedd hvitløk, hakket
  1 egg, lett pisket
  ½ kopp sopp og finhakkede stilker
  2 ss fersk hakket italiensk persille (flatbladet)
  2 ts olivenolje
  1 pund malt bison (grovkvernet hvis tilgjengelig)

EPLE- OG RIPSSAUS
  2 ss olivenolje
  2 store Granny Smith-epler, skrelt, kjernehuset og finhakket
  2 sjalottløk, hakket
  2 ss fersk sitronsaft
  ½ kopp kyllingbeinbuljong (se<u>oppskrift</u>) eller usaltet kyllingkraft
  2 til 3 ss tørkede rips

ZUCCHINI PAPPARDELLE

6 gresskar

2 ss olivenolje

¼ kopp finhakket tåke

½ ts malt rød pepper

2 fedd hvitløk, hakket

1. For kjøttbollene, forvarm ovnen til 375°F. Pensle en bakeplate lett med olivenolje; sette til side. Kombiner løk og hvitløk i en foodprosessor eller blender. Puls til jevn. Overfør løkblandingen til en middels bolle. Tilsett egg, sopp, persille og 2 ts olje; rør for å kombinere. Tilsett malt bison; bland forsiktig men godt. Del kjøttblandingen i 16 porsjoner; form til kjøttboller. Legg kjøttbollene jevnt fordelt på det tilberedte stekebrettet. Stek i 15 minutter; sette til side.

2. Til sausen, varm 2 ss olje i en panne på middels varme. Tilsett epler og sjalottløk; kok og rør i 6 til 8 minutter eller til de er veldig møre. Rør inn sitronsaften. Overfør blandingen til en foodprosessor eller blender. Dekk til og bearbeid eller bland til jevn; tilbake til pannen. Rør inn kyllingbeinbuljongen og rips. Kok opp; redusere varmen. Kok uten lokk i 8 til 10 minutter, rør ofte. Legg til kjøttboller; kok opp og bland på lav varme til de er varme.

3. I mellomtiden, for pappardellen, kutt endene av squashene. Bruk en mandolin eller en veldig skarp grønnsaksskreller, riv zucchinien i tynne bånd. (For å holde båndene intakte, slutt å barbere etter at du har nådd frøene i midten av gresskaret.) Varm 2 ss olje over middels varme i en veldig stor panne. Rør inn løkløk,

knust rød pepper og hvitløk; kok og rør i 30 sekunder. Legg til zucchinibånd. Kok og rør forsiktig i ca 3 minutter eller bare til den er visnet.

4. For å servere, del pappardelle mellom fire serveringsfat; topp med kjøttboller og eplemos og rips.

BISON-PORCINI BOLOGNESE MED SPAGHETTI SQUASH MED STEKT HVITLØK

OPPLÆRING:30 minutter matlaging: 1 time 30 minutter baking: 35 minutter gjør: 6 porsjoner

HVIS DU TRODDE DU SPISTEDIN SISTE SPAGHETTI MED KJØTTSAUS DA DU TOK I BRUK THE PALEO DIET®, TENK OM IGJEN. DENNE RIKE BOLOGNESEN SMAKSATT MED HVITLØK, RØDVIN OG JORDNÆR STEINSOPP ER LAGT OVER SØTE OG DEILIGE TRÅDER AV SPAGHETTI SQUASH. DU VIL IKKE GÅ GLIPP AV PÅSKEN I DET HELE TATT.

1 unse tørket porcini-sopp

1 kopp kokende vann

3 ss ekstra virgin olivenolje

1 kilo malt bison

1 kopp finhakkede gulrøtter (2)

½ kopp hakket løk (1 medium)

½ kopp finhakket selleri (1 stilk)

4 fedd hvitløk, hakket

3 ss tomatpuré uten salt

½ kopp rødvin

2 15-unse bokser knuste tomater uten tilsatt salt

1 ts tørket oregano, knust

1 ts tørket timian, knust

½ ts sort pepper

1 middels spaghetti squash (2½ til 3 pund)

1 hvitløkløk

1. I en liten bolle, kombiner steinsopp og kokende vann; la det sitte i 15 minutter. Sil gjennom en sil dekket med 100 % bomulls osteduk, behold bløtleggingsvæsken. Hakk soppen; sette til side.

2. Varm opp 1 ss olivenolje over middels varme i en nederlandsk ovn på 4 til 5 liter. Tilsett malt bison, gulrøtter, løk, selleri og hvitløk. Stek til kjøttet er brunet og grønnsakene er møre, rør med en tresleiv for å bryte opp kjøttet. Legg til tomatpuré; kok og rør i 1 minutt. Tilsett rødvin; kok og rør i 1 minutt. Bland steinsoppen, tomatene, oregano, timian og pepper. Tilsett reservert soppvæske, pass på at du ikke legger til sand eller gryn som kan være tilstede i bunnen av kjelen. Kok opp, rør av og til; reduser varmen til lav. La småkoke, dekket, i 1½ til 2 timer eller til ønsket konsistens.

3. Forvarm ovnen til 375°F i mellomtiden. Halver squashen på langs; skrap ut frøene. Legg squashhalvdelene med kuttesiden ned i en stor ildfast form. Prikk skinnet over det hele med en gaffel. Skjær den øverste ½ tomme av hodet av hvitløk. Legg hvitløken, kuttet opp, i stekebrettet med zucchinien. Drypp med resterende 1 ss olivenolje. Stek i 35 til 45 minutter eller til zucchinien og hvitløken er møre.

4. Bruk en skje og en gaffel, fjern og riv gresskarmassen fra hver gresskarhalvdel; ha over i en bolle og dekk til for å holde seg varm. Når hvitløken er avkjølt nok til å håndtere, klem den nederste pæren for å fjerne feddene. Bruk en gaffel til å knuse hvitløksfeddene. Bland den hakkede hvitløken inn i zucchinien, fordel

den jevnt. For å servere helles sausen over zucchiniblandingen.

BISON CHILI MED KJØTT

OPPLÆRING: 25 minutter Koketid: 1 time 10 minutter Gir: 4 porsjoner

USØTET SJOKOLADE, KAFFE OG KANEL LEGGE TIL INTERESSE FOR DENNE KONSEKVENTE FAVORITTEN. ØNSKER DU ENDA MER RØYKSMAK, BYTT UT VANLIG PAPRIKA MED 1 SS RØKT SØT PAPRIKA.

- 3 ss ekstra virgin olivenolje
- 1 kilo malt bison
- ½ kopp hakket løk (1 medium)
- 2 fedd hvitløk, hakket
- 2 14,5-unse bokser i terninger uten salt tilsatt tomater, skrellet
- 1 6-unse boks usaltet tomatpuré
- 1 kopp kjøttbeinbuljong (se oppskrift) eller usaltet oksebuljong
- ½ kopp sterk kaffe
- 2 unser bakestang 99% kakao, hakket
- 1 ss paprika
- 1 ts malt spisskummen
- 1 ts tørket oregano
- 1½ ts røkt krydder (se oppskrift)
- ½ ts malt kanel
- ⅓ kopp nuggets
- 1 ts olivenolje
- ½ kopp cashewkrem (se oppskrift)
- 1 ts fersk sitronsaft
- ½ kopp friske korianderblader

4 skiver lime

1. Varm de 3 ss olivenolje over middels varme i en nederlandsk ovn. Tilsett malt bison, løk og hvitløk; stek ca 5 minutter eller til kjøttet er brunet, rør med en tresleiv for å bryte opp kjøttet. Rør inn ukrympede tomater, tomatpuré, oksebeinbuljong, kaffe, bakesjokolade, paprika, spisskummen, oregano, 1 ts allehånde og kanel. Kok opp; redusere varmen. La småkoke under lokk i 1 time, rør av og til.

2. I mellomtiden, i en liten panne, stek pepitaene i 1 ts olivenolje på middels varme til de begynner å trenge inn og bli gylne. Legg nugget i en liten bolle; tilsett resterende ½ teskje røkt krydder; kaste for å dekke.

3. Kombiner cashewkremen og sitronsaften i en liten bolle.

4. For å servere, øs chili i boller. Toppporsjoner med cashewkrem, pepitas og koriander. Server med limebåter.

MAROKKANSK KRYDRET BISONSTEKER MED GRILLEDE SITRONER

OPPLÆRING:10 minutter grill: 10 minutter gjør: 4 porsjoner

SERVER DISSE QUICK-FIX BIFFENEMED KALD OG SPRØ KRYDRET GULROTSALAT (SE<u>OPPSKRIFT</u>). HVIS DU ER I HUMØR FOR EN GODBIT, GRILLET ANANAS MED KOKOSKREM (SE<u>OPPSKRIFT</u>) VILLE VÆRE EN FIN MÅTE Å AVSLUTTE MÅLTIDET PÅ.

- 2 ss malt kanel
- 2 ss paprika
- 1 spiseskje hvitløkspulver
- ¼ teskje kajennepepper
- 4 6-ounce bison filet mignon-steker, kuttet ¾ til 1 tomme tykke
- 2 sitroner, delt i to horisontalt

1. I en liten bolle blander du kanel, paprika, hvitløkspulver og kajennepepper. Tørk biffene med tørkepapir. Gni begge sider av biffen med krydderblandingen.

2. For en kull- eller gassgrill legger du biffene på grillen direkte over middels varme. Dekk til og grill i 10 til 12 minutter for medium sjeldne (145 °F) eller 12 til 15 minutter for medium (155 °F), snu en gang halvveis i tilberedningen. I mellomtiden legger du sitronhalvdelene med kuttesiden ned på en rist. Stek i 2 til 3 minutter eller til de er lett forkullet og saftige.

3. Server med grillede sitronhalvdeler til å presse over biffene.

BISON LOIN STEAK GNIDD MED URTER FRA PROVENCE

OPPLÆRING:15 minutter steking: 15 minutter steking: 1 time 15 minutter stå: 15 minutter gjør: 4 porsjoner

HERBES DE PROVENCE ER EN BLANDINGAV TØRKEDE URTER SOM VOKSER I OVERFLOD I SØR-FRANKRIKE. BLANDINGEN INNEHOLDER VANLIGVIS EN KOMBINASJON AV BASILIKUM, FENNIKELFRØ, LAVENDEL, MERIAN, ROSMARIN, SALVIE, SOMMERTIMIAN OG TIMIAN. DET SMAKER DENNE SVÆRT AMERIKANSKE BIFFEN VAKKERT.

1 bisonbiff á 3 kg

3 ss herbes de Provence

4 ss ekstra virgin olivenolje

3 fedd hvitløk, hakket

4 små pastinakk, renset og hakket

2 modne pærer, kjernet ut og hakket

½ kopp usøtet pærenektar

1 til 2 ts fersk timian

1. Forvarm ovnen til 375°F. Skjær fettet fra biffen. I en liten bolle kombineres Herbes de Provence, 2 ss olivenolje og hvitløk; gni over hele biffen.

2. Legg biffen på en rist i en liten panne. Sett inn et ovnstermometer i midten av steken.* Stek uten lokk i 15 minutter. Reduser ovnstemperaturen til 300 °F. Stek i 60 til 65 minutter lenger eller til et kjøtttermometer registrerer 140 °F (middels sjelden). Dekk til med folie og la stå i 15 minutter.

3. I mellomtiden, i en stor panne, varm opp de resterende 2 ss olivenolje over middels varme. Tilsett pastinakk og pærer; kok i 10 minutter eller til pastinakk er sprømøre, rør av og til. Legg til pærenektar; kok i ca 5 minutter eller til sausen tykner litt. Dryss over timian.

4. Skjær biffen i tynne skiver over kornet. Server kjøttet med pastinakk og pærer.

*Tips: Bison er veldig mager og koker raskere enn biff. I tillegg er fargen på kjøttet rødere enn biff, så du kan ikke stole på en visuell pekepinn for å bestemme ferdigheten. Du trenger et kjøtttermometer for å fortelle deg når kjøttet er ferdig. Et ovnstermometer er ideelt, men ikke en nødvendighet.

KAFFEBRAISERT BISONKORTRIBBE MED MANDARINGREMOLATA OG SELLERIROTPURE

OPPLÆRING:15 minutter koketid: 2 timer 45 minutter gjør: 6 porsjoner

BISON SHORT RIBS ER STORE OG KJØTTFULLE.DE KREVER EN GOD LANGKOKING I VÆSKE FOR Å BLI MØRE. GREMOLATA LAGET MED MANDARINSKALL LYSNER OPP SMAKEN AV DENNE SOLIDE RETTEN.

MARINERT
    2 kopper vann
    3 kopper sterk, kald kaffe
    2 kopper fersk mandarinjuice
    2 ss frisk hakket rosmarin
    1 ts grovkvernet sort pepper
    4 pund bison-kortribbe, kuttet mellom ribbeina for å skille

KOK KVALT
    2 ss olivenolje
    1 ts sort pepper
    2 kopper hakket løk
    ½ kopp hakket sjalottløk
    6 fedd hvitløk, hakket
    1 jalapeñopepper, frøsådd og hakket (seTips)
    1 kopp sterk kaffe
    1 kopp kjøttbeinbuljong (seoppskrift) eller usaltet oksebuljong
    ¼ kopp Paleo Ketchup (seoppskrift)

2 ss sennep i Dijon-stil (se<u>oppskrift</u>)
3 ss cider eddik
Sellerirotpuré (se<u>oppskrift</u>, Nedre)
Mandarin gremolata (se<u>oppskrift</u>, Ikke sant)

1. For marinaden, i en stor ikke-reaktiv beholder (glass eller rustfritt stål) kombinerer du vannet, kjølt kaffe, mandarinjuice, rosmarin og sort pepper. Legg til ribbe. Legg eventuelt en tallerken over ribba for å holde dem under vann. Dekk til og avkjøl i 4 til 6 timer, omorganiser og rør en gang.

2. For braise, forvarm ovnen til 325 °F. Tøm ribba, kast marinaden. Tørk ribba med tørkepapir. I en stor nederlandsk ovn, varm olivenolje over middels høy varme. Krydre ribba med sort pepper. Brun ribben i omganger til den er brun på alle sider, ca 5 minutter per omgang. Overfør til en stor tallerken.

3. Tilsett løk, sjalottløk, hvitløk og jalapeño i kjelen. Reduser varmen til middels, dekk til og kok til grønnsakene er møre, rør av og til, ca. 10 minutter. Tilsett kaffe og buljong; rør, skrape opp brunede biter. Tilsett Paleo Ketchup, Dijon-stil sennep og eddik. Kok opp. Legg til ribbe. Dekk til og overfør til ovnen. Stek til kjøttet er mørt, ca 2 timer og 15 minutter, rør forsiktig og omorganiser ribba en eller to ganger.

4. Overfør ribba til en tallerken; telt med folie for å holde varmen. Med skjeen fett på overflaten av sausen. Kok sausen til den er redusert til 2 kopper, ca 5 minutter. Del sellerirotpuré mellom 6 tallerkener; topp med ribbe og saus. Dryss over Mandarin Gremolata.

Sellerirotpuré: I en stor kasserolle kombinerer du 3 pund sellerirot, skrellet og kuttet i 1-tommers biter, og 4 kopper kyllingbeinbuljong (se<u>oppskrift</u>) eller usaltet kyllingbuljong. Kok opp; redusere varmen. Tøm selleriroten, behold buljongen. Legg selleriroten i kasserollen. Tilsett 1 ss olivenolje og 2 ts nyhakket timian. Bruk en potetstapper, mos selleriroten, tilsett reservert buljong noen spiseskjeer om gangen etter behov for å oppnå ønsket konsistens.

Tangerine Gremolata: Kombiner ½ kopp hakket fersk persille, 2 ss finhakket mandarinskall og 2 hakkede hvitløksfedd i en liten bolle.

OKSEBEINBULJONG

OPPLÆRING:25 minutter Steking: 1 time Steking: 8 timer Gir: 8 til 10 kopper

BENFRIE OKSEHALER LAGER EN BULJONG MED EN EKSTREMT RIK SMAKSOM KAN BRUKES I ENHVER OPPSKRIFT SOM KREVER STORFEKRAFT – ELLER RETT OG SLETT NYTES SOM EN SIDE TIL EN KOPP NÅR SOM HELST PÅ DAGEN. SELV OM DE PLEIDE Å KOMME FRA EN OKSE, KOMMER OKSEHALER NÅ FRA ET BIFFDYR.

5 gulrøtter, grovhakket

5 stilker selleri, grovhakket

2 gule løk, skrellet, kuttet i to

8 gram hvit sopp

1 hvitløkløk, skrellet, delt i to

2 kilo oksehalebein eller oksebein

2 tomater

12 kopper kaldt vann

3 laurbærblad

1. Forvarm ovnen til 400°F. I en stor rimmet panne eller liten bakebolle, ordne gulrøtter, selleri, løk, sopp og hvitløk; legg beinene oppå grønnsakene. Puls tomatene i en foodprosessor til de er homogeniserte. Fordel tomatene over beinene for å dekke dem (det er greit om noe av pureen drypper på pannen og på grønnsakene). Stek i 1 til 1 1/2 time eller til beinene er dype brune og grønnsakene er karamelliserte. Overfør bein og grønnsaker til en 10 til 12 liter nederlandsk ovn eller gryte. (Hvis noe av tomatblandingen karamelliserer på

bunnen av pannen, tilsett 1 kopp varmt vann i pannen og skrap opp eventuelle klumper. Hell væsken over bein og grønnsaker og reduser vannet med 1 kopp.) Tilsett kaldt. vann og laurbærblad.

2. Kok blandingen sakte opp på middels høy til høy varme. Reduserer varme; dekk til og la buljongen småkoke i 8 til 10 timer, rør av og til.

3. Sil buljongen; kast bein og grønnsaker. kald kjøttkraft; overfør buljong til oppbevaringsbeholdere og avkjøl i opptil 5 dager; frys opptil 3 måneder.*

Slow Cooker-instruksjoner: For en 6- til 8-liters saktekoker, bruk 1 pund biffben, 3 gulrøtter, 3 stilker selleri, 1 gul løk og 1 hvitløksfedd. Puré 1 tomat og gni på beina. Stek som anvist, og overfør deretter bein og grønnsaker til saktekokeren. Fjern eventuelle karamelliserte tomater som anvist og legg til saktekokeren. Tilsett nok vann til å dekke. Dekk til og kok over høy varme til kraften koker, ca 4 timer. Reduser til lav innstilling; kok i 12 til 24 timer. Sil buljong; kast bein og grønnsaker. Lagre som anvist.

*Tips: For å enkelt fjerne fettet fra buljongen, oppbevar buljongen i en tildekket beholder i kjøleskapet over natten. Fettet vil stige til toppen og danne et fast lag som enkelt kan fjernes. Buljongen kan tykne etter avkjøling.

SPICE RUBBED TUNISIAN SVINEKJØTT SKULDER MED KRYDRET SØTPOTET

OPPLÆRING:25 minutter steking: 4 timer steking: 30 minutter gjør: 4 porsjoner

DETTE ER EN FLOTT RETT Å LAGE PÅ EN KJØLIG HØSTDAG. KJØTTET TILBEREDES I TIMEVIS I OVNEN, NOE SOM FÅR HUSET TIL Å LUKTE FANTASTISK OG GIR DEG TID TIL Å GJØRE ANDRE TING. BAKTE SØTPOTETFRITES BLIR IKKE SPRØ SLIK HVITE POTETER GJØR, MEN DE ER DEILIGE PÅ SIN EGEN MÅTE, SPESIELT NÅR DE DYPPES I HVITLØKSMAJONES.

GRIS
- 1 2½ til 3-kilos bein-inn svinekjøtt skulderbiff
- 2 ts malt anchopepper
- 2 ts malt spisskummen
- 1 ts spisskummen frø, litt knust
- 1 ts malt koriander
- ½ ts malt gurkemeie
- ¼ teskje malt kanel
- 3 ss olivenolje

FRITES
- 4 mellomstore søtpoteter (ca. 2 pund), skrellet og kuttet i ½-tommers tykke skiver
- ½ ts malt rød pepper
- ½ ts løkpulver
- ½ ts hvitløkspulver
- Oliven olje

1 løk, i tynne skiver
Paleo Aïoli (Hvitløk Mayo) (se oppskrift)

1. Forvarm ovnen til 300°F. Skjær fettet fra kjøttet. Kombiner malt anchopepper, malt spisskummen, spisskummen, koriander, gurkemeie og kanel i en liten bolle. Dryss kjøtt med krydderblanding; bruk fingrene og gni kjøttet jevnt.

2. Varm opp 1 ss olivenolje over middels høy varme i en 5- til 6-liters ovnsfast nederlandsk ovn. Brun svinekjøttet på alle sider i varm olje. Dekk til og stek i ca. 4 timer eller til de er veldig møre og et kjøtttermometer registrerer 190°F. Ta den nederlandske ovnen ut av ovnen. La stå, dekket, mens du forbereder pommes frites og løk, og reserver 1 ss fett i den nederlandske ovnen.

3. Øk ovnstemperaturen til 400°F. For frites, i en stor bolle kombinere søtpoteter, resterende 2 ss olivenolje, knust rød pepper, løk pulver og hvitløk; kaste for å dekke. Kle en stor eller to små bakeplater med folie; pensle med ekstra olivenolje. Plasser søtpotetene i et enkelt lag på de tilberedte bakeplatene. Stek i ca 30 minutter eller til de er møre, snu søtpotetene en gang halvveis i stekingen.

4. Fjern kjøtt fra nederlandsk ovn i mellomtiden; dekk til med folie for å holde varmen. Tøm av dryppene, ta vare på 1 ss fett. Plasser det reserverte fettet i den nederlandske ovnen. Tilsett løk; kok over middels varme i ca 5 minutter eller til de er møre, rør av og til.

5. Ha svinekjøttet og løken over på et serveringsfat. Bruk to gafler, trekk svinekjøttet i store biter. Server pulled pork og pommes frites med Paleo Aïoli.

CUBAN GRILLET SVINEKJØTT SKULDER

OPPLÆRING:15 minutter Mariner: 24 timer Grill: 2 timer 30 minutter Stand: 10 minutter Gir: 6 til 8 porsjoner

KJENT SOM "LECHON ASADO" I OPPRINNELSESLANDET,DENNE SVINESTEKEN ER MARINERT I EN KOMBINASJON AV FERSK SITRUSJUICE, KRYDDER, KVERNET RØD PEPPER OG EN HEL HVITLØKLØK. MATLAGING OVER GLØDENDE KULL ETTER BLØTLEGGING OVER NATTEN I MARINADEN GIR DEN EN FANTASTISK SMAK.

1 hvitløksløk, fedd skilt, skrellet og hakket
1 kopp grovhakket løk
1 kopp olivenolje
1⅓ kopper fersk sitronsaft
⅔ kopp fersk appelsinjuice
1 ss malt spisskummen
1 ss tørket oregano, knust
2 ts nykvernet sort pepper
1 ts kvernet rød pepper
1 4- til 5-kilos beinfri svinekjøttskulderbiff

1. For marinaden, del hvitløkshodet i fedd. Rens og hakk nellik; legg i en stor bolle. Tilsett løk, olivenolje, limejuice, appelsinjuice, spisskummen, oregano, sort pepper og kvernet rød pepper. Bland godt og sett til side.

2. Bruk en utbeningskniv og skjær svinekjøttet dypt over det hele. Legg biffen forsiktig i marinaden, senk den så

mye som mulig i væsken. Dekk bollen godt med plastfolie. Mariner i kjøleskapet i 24 timer, snu en gang.

3. Fjern svinekjøttet fra marinaden. Hell marinaden i en middels kjele. Kok opp; kok i 5 minutter. Ta den av varmen og la den avkjøles. Sette til side.

4. For en kullgrill, ordne middels varme kull rundt en drypppanne. Test over middels varme over pannen. Legg kjøttet på grillen over dryppbrettet. Dekk til og grill i 2½ til 3 timer eller til et termometer med øyeblikkelig avlesning satt inn i midten av biffen registrerer 140 °F. (For en gassgrill, forvarm grillen. Reduser varmen til middels. Juster for indirekte tilberedning. Legg kjøttet på grillen over brenneren som er slått av. Dekk også til grillen som anvist.) Fjern kjøttet fra grillen. Dekk løst med folie og la stå i 10 minutter før du skjærer eller drar.

ITALIENSK KRYDRET SVINESTEK MED GRØNNSAKER

OPPLÆRING:20 minutter stek: 2 timer 25 minutter stå: 10 minutter gjør: 8 porsjoner

«FRISK ER BEST» ER ET GODT MANTRA Å FØLGE MED PÅ NÅR DET KOMMER TIL MATLAGING MESTEPARTEN AV TIDEN. TØRKEDE URTER FUNGERER IMIDLERTID VELDIG GODT I KJØTTRETTER. NÅR URTER TØRKES, KONSENTRERES SMAKENE DERES. NÅR DE KOMMER I KONTAKT MED FUKTIGHETEN I KJØTTET, SLIPPER DE SMAKENE INN I DET, SOM I DENNE BIFFEN I ITALIENSK STIL SMAKSATT MED PERSILLE, FENNIKEL, OREGANO, HVITLØK OG RØD PEPPER.

2 ss tørket persille, knust

2 ss fennikelfrø, knust

4 ts tørket oregano, knust

1 ts nykvernet sort pepper

½ ts malt rød pepper

4 fedd hvitløk, hakket

1 4 kg bein-inn svinekjøtt skulderbiff

1 til 2 ss olivenolje

1¼ kopper vann

2 mellomstore løk, skrelt og kuttet i skiver

1 stor fennikelløk, trimmet, kjernen og skåret i skiver

2 kg rosenkål

1. Forvarm ovnen til 325°F. Kombiner persille, fennikelfrø, oregano, sort pepper, knust rød pepper og hvitløk i en liten bolle; sette til side. Pakk ut svinesteken om nødvendig. Skjær fettet fra kjøttet. Gni kjøttet på alle

sider med krydderblandingen. Om ønskelig, fest biffen igjen for å holde den sammen.

2. I en nederlandsk ovn, varm oljen over middels høy varme. Brun kjøttet på alle sider i den varme oljen. Tøm fettet. Hell vannet i den nederlandske ovnen rundt biffen. Stek uten lokk i 1 og en halv time. Ordne løk og fennikel rundt svinesteken. Dekk til og stek i ytterligere 30 minutter.

3. Trim i mellomtiden rosenkålen og fjern eventuelle visne ytre blader. Skjær rosenkålen i to. Legg rosenkålen til den nederlandske ovnen, og legg dem på toppen av andre grønnsaker. Dekk til og stek i ytterligere 30 til 35 minutter eller til grønnsakene og kjøttet er mørt. Ha kjøttet over på et serveringsfat og dekk til med folie. La stå i 15 minutter før du skjærer i skiver. Kast grønnsaker med pannejuice for å belegge. Bruk en hullsleiv, fjern grønnsakene til serveringsfat eller bolle; dekk for å holde varmen.

4. Bruk en stor skje til å skumme fettet fra pannesaften. Hell resten av pannesaften gjennom en sil. Kutt svinekjøttet, fjern beinet. Server kjøtt med grønnsaker og pannejuice.

INDREFILET AV SVIN I SAKTEOVNEN

OPPLÆRING:20 minutter Slow Cook: 8 til 10 timer (lav) eller 4 til 5 timer (høy) Gir: 8 porsjoner

MED SPISSKUMMEN, KORIANDER, OREGANO, TOMATER, MANDLER, ROSINER, CHILI OG SJOKOLADE,DENNE FYLDIGE OG KRYDREDE SAUSEN HAR MYE FOR SEG – PÅ EN VELDIG GOD MÅTE. DET ER ET IDEELT MÅLTID Å STARTE MORGENEN FØR DU DRAR UT FOR DAGEN. NÅR DU KOMMER HJEM ER MIDDAGEN NESTEN FERDIG – OG HUSET DITT LUKTER FANTASTISK.

1 3 kg beinfri svineskulderbiff

1 kopp grovhakket løk

3 fedd hvitløk, kuttet i skiver

1½ kopper oksebeinbuljong (se_oppskrift_), kyllingbeinsuppe (se_oppskrift_), eller usaltet biff- eller kyllingsuppe

1 ss malt spisskummen

1 ss malt koriander

2 ts tørket oregano, knust

1 15-unse boks usaltede tomater, i terninger, drenert

1 6-unse boks tomatpuré uten tilsatt salt

½ kopp skivede mandler, ristet (se_Tips_)

¼ kopp usulfuriserte rosiner eller gylne rips

2 unser usøtet sjokolade (som Scharffen Berger 99% Cocoa Bar), grovhakket

1 hel tørket ancho eller chipotle pepper

2 4-tommers kanelstenger

¼ kopp frisk hakket koriander

1 avokado, skrelt, frøsådd og skåret i tynne skiver

1 lime, i skiver

⅓ kopp ristede usaltede grønne gresskarkjerner (valgfritt) (se<u>Tips</u>)

1. Trim fettet fra svinesteken. Om nødvendig, trim kjøttet slik at det passer i en 5- til 6-liters saktekoker; sette til side.

2. Kombiner løk og hvitløk i saktekokeren. I en 2-kopps glass målebeger kombinerer du kjøttbeinbuljongen, spisskummen, koriander og oregano; hell i komfyren. Rør inn tomater i terninger, tomatpuré, mandler, rosiner, sjokolade, tørket chili og kanelstenger. Legg kjøttet i komfyren. Topp med en skje av tomatblandingen. Dekk til og stek på lav i 8 til 10 timer eller på høy i 4 til 5 timer eller til svinekjøttet er mørt.

3. Overfør svinekjøttet til et skjærebrett; den avkjøles litt. Bruk to gafler og trekk kjøttet i biter. Dekk kjøttet med folie og sett til side.

4. Fjern og kast tørket pepper og kanelstenger. Bruk en stor skje og skum av fettet fra tomatblandingen. Ha tomatblandingen over i en blender eller foodprosessor. Dekk til og bland eller bearbeid til nesten jevn. Legg pulled pork og saus i saktekokeren. Hold den varm på lav varme til den skal serveres, opptil 2 timer.

5. Rett før servering rører du inn koriander. Server føflekken i boller og pynt med avokadoskiver, limebåter og eventuelt gresskarkjerner.

SVINEKJØTT OG GRESSKARSTUING KRYDRET MED SPISSKUMMEN

OPPLÆRING:30 minutter koketid: 1 time Gir: 4 porsjoner

SENNEPSGRØNT MED PEPPER OG GRESSKARTILFØRER LIVLIGE FARGER OG RIKELIG MED VITAMINER, SAMT FIBER OG FOLSYRE, TIL DENNE KRYDREDE GRYTEN MED ØSTEUROPEISKE SMAKER.

1 ¼ til 1½ pund svinekjøtt skulderbiff

1 ss paprika

1 ss spisskummen frø, finmalt

2 ts tørr sennep

¼ teskje kajennepepper

2 ss raffinert kokosolje

8 gram fersk knappsopp, i tynne skiver

2 stilker selleri, kuttet på tvers i 1-tommers skiver

1 liten rødløk, kuttet i tynne skiver

6 fedd hvitløk, hakket

5 kopper kyllingbeinbuljong (se oppskrift) eller usaltet kyllingkraft

2 kopper butternut squash i terninger, skrelt

3 kopper grovhakket sennepsgrønt eller grønnkål

2 ss hakket fersk salvie

¼ kopp fersk sitronsaft

1. Trim fettet fra svinekjøttet. Skjær svinekjøtt i 1½-tommers terninger; legg i en stor bolle. Kombiner paprika, spisskummen, tørr sennep og cayennepepper i

en liten bolle. Dryss over svinekjøttet, rør så det blir jevnt.

2. Varm kokosolje over middels varme i en nederlandsk ovn på 4 til 5 liter. Tilsett halvparten av kjøttet; kok til den er brun, rør om fra tid til annen. Fjern kjøttet fra pannen. Gjenta med resten av kjøttet. Sett kjøttet til side.

3. Tilsett sopp, selleri, rødløk og hvitløk i den nederlandske ovnen. Kok i 5 minutter, rør av og til. Sett kjøttet tilbake i den nederlandske ovnen. Tilsett kyllingbeinbuljongen forsiktig. Kok opp; redusere varmen. Dekk til og la det småkoke i 45 minutter. Rør inn zucchinien. Dekk til og la det småkoke i ytterligere 10 til 15 minutter eller til svinekjøttet og squashen er møre. Rør inn sennepsgrønt og salvie. Kok i 2-3 minutter eller til grønnsakene er møre. Rør inn sitronsaften.

TOPPBIFF FYLT MED FRUKT MED KONJAKKSAUS

OPPLÆRING:30 minutter Steking: 10 minutter Steking: 1 time 15 minutter Stand: 15 minutter Gir: 8 til 10 porsjoner

DENNE ELEGANTE BIFFEN ER PERFEKT TILEN SPESIELL ANLEDNING ELLER FAMILIESAMMENKOMST – SPESIELT OM HØSTEN. DENS SMAKER - EPLE, MUSKAT, TØRKET FRUKT OG PECAN - FANGER ESSENSEN AV DEN SESONGEN. SERVER DEN MED SØTPOTETMOS OG TYTTEBÆRSALAT OG RISTEDE RØDBETER (SE_OPPSKRIFT_).

BIFF
- 1 spiseskje olivenolje
- 2 kopper hakkede, skrellede Granny Smith-epler (ca. 2 mellomstore)
- 1 sjalottløk, finhakket
- 1 ss nyhakket timian
- ¾ teskje nykvernet sort pepper
- ⅛ teskje malt muskatnøtt
- ½ kopp hakkede tørkede aprikoser uten svovel
- ¼ kopp hakkede pekannøtter, ristede (se_Tips_)
- 1 kopp kyllingbeinbuljong (se_oppskrift_) eller usaltet kyllingkraft
- 1 3-kilos beinfri svinestek (enkeltbit)

BRANDY SAUS
- 2 ss eplecider
- 2 ss konjakk
- 1 ts Dijon-stil sennep (se_oppskrift_)
- Nykvernet sort pepper

1. For fyllet, i en stor stekepanne, varm olivenolje over middels varme. Tilsett epler, sjalottløk, timian, ¼ teskje pepper og muskatnøtt; kok 2 til 4 minutter eller til epler og sjalottløk er møre og lett brunet, rør av og til. Rør inn aprikoser, pekannøtter og 1 ss buljong. Kok uten lokk i 1 minutt for å myke aprikosene. Fjern fra varmen og sett til side.

2. Forvarm ovnen til 325°F. Utvid svinekjøttet ved å skjære ned midten av biffen på langs, og skjære til innenfor ½ tomme fra den andre siden. Åpne biffen. Plasser kniven i V-snittet med det horisontale ansiktet til den ene siden av V og skjær til innenfor ½ tomme fra siden. Gjenta på den andre siden av V. Spre biffen åpen og dekk med plastfolie. Arbeid fra midten til kantene, bank biffen med en kjøtthammer til den er omtrent ¾ tomme tykk. Fjern og kast plastfolie. Fordel fyllet over toppen av biffen. Start fra kortsiden og rull biffen til en spiral. Knyt med kjøkkensnøre i 100 % bomull flere steder for å holde sammen biffen. Dryss biffen med den resterende ½ ts pepper.

3. Legg biffen på en rist i en liten panne. Sett inn et ovnstermometer i midten av steken (ikke i farsen). Stek uten lokk i 1 time 15 minutter til 1 time 30 minutter eller til et termometer registrerer 145 °F. Fjern biff og dekk løst med folie; la den stå i 15 minutter før du skjærer den i skiver.

4. I mellomtiden, for konjakksausen, visp gjenværende kraft og eplecider i pannen, rør for å skrape opp eventuelle brunede biter. Sil dryppene over i en middels kjele. Kok

opp; kok ca 4 minutter eller til sausen er redusert med en tredjedel. Rør inn konjakk og sennep i Dijon-stil. Smak til med ekstra pepper. Server sausen med svinestek.

STEKT SVINEKJØTT I PORCHETTA-STIL

OPPLÆRING:15 minutter Mariner: Over natten: 40 minutter
Stek: 1 time Gir: 6 porsjoner

TRADISJONELL ITALIENSK PORCHETTA(NOEN GANGER STAVET PORKETTA PÅ AMERIKANSK ENGELSK) ER EN BENFRI PATTEGRIS FYLT MED HVITLØK, FENNIKEL, PEPPER OG URTER SOM SALVIE ELLER ROSMARIN, DERETTER SPYTTET OG STEKT OVER TRE. DET ER OGSÅ VANLIGVIS VELDIG SALT. DENNE PALEO-VERSJONEN ER FORENKLET OG VELDIG VELSMAKENDE. BYTT UT SALVIE MED FRISK ROSMARIN, OM ØNSKELIG, ELLER BRUK EN BLANDING AV DE TO URTENE.

1 2- til 3-kilos beinfri svinestek

2 ss fennikelfrø

1 ts sorte pepperkorn

½ ts malt rød pepper

6 fedd hvitløk, hakket

1 ss finhakket appelsinskall

1 ss hakket fersk salvie

3 ss olivenolje

½ kopp tørr hvitvin

½ kopp kyllingbeinbuljong (se**oppskrift**) eller usaltet kyllingkraft

1. Ta svinesteken ut av kjøleskapet; la den stå i romtemperatur i 30 minutter. I mellomtiden, i en liten panne, rist fennikelfrøene over middels varme, rør ofte, ca. 3 minutter eller til de er mørke og duftende; kald. Overfør til en kryddermølle eller ren kaffekvern. Tilsett

pepperkorn og knust rød pepper. Mal til middels fin konsistens. (Ikke mal til pulver.)

2. Forvarm ovnen til 325°F. I en liten bolle kombinerer du malt krydder, hvitløk, appelsinskall, salvie og olivenolje for å lage en pasta. Legg svinesteken på en grill i en liten panne. Gni blandingen over hele svinekjøttet. (Hvis ønskelig, legg det krydrede svinekjøttet i en 9 × 13 × 2-tommers bakebolle i glass. Dekk til med plastfolie og sett i kjøleskap over natten for å marinere. Overfør kjøttet til en panne før steking og la det stå i romtemperatur i 30 minutter før du steker ...)

3. Stek svinekjøttet i 1 til 1½ time eller til et termometer som er satt inn i midten av steken, registrerer 145°F. Overfør biffen til et skjærebrett og dekk lett med folie. La stå i 10 til 15 minutter før du skjærer i skiver.

4. Hell i mellomtiden pannejuicen i et glassmålebeger. Skum av fett fra toppen; sette til side. Sett kjelen på brenneren på komfyren. Hell vin og kyllingbeinbuljong i pannen. Kok opp på middels høy varme, rør for å skrape opp eventuelle brunede biter. Kok i ca 4 minutter eller til blandingen er litt redusert. Rør inn reserverte pannejuicer; Spenninger. Skjær svinekjøttet og server med sausen.

TOMATILLOBRISERT INDREFILET AV SVIN

OPPLÆRING:40 minutter Stek: 10 minutter Stek: 20 minutter Stek: 40 minutter Stand: 10 minutter Gir: 6 til 8 porsjoner

TOMATILLOS HAR EN KLISSETE, SKJELLETE HUDUNDER DERES PAPIRAKTIGE SKALL. ETTER Å HA FJERNET HUDEN, SKYLL DEM RASKT UNDER RENNENDE VANN OG DE ER KLARE TIL BRUK.

1 kilo tomater, skrelte, med stilker og pannekaker
4 serranopepper, stilket, frøsådd og halvert (seTips)
2 jalapeños, stilket, frøet og halvert (seTips)
1 stor gul paprika, oppstilt, frøsådd og halvert
1 stor oransje paprika, oppstilt, frødd og halvert
2 ss olivenolje
1 2- til 2½ pund beinfri svinekambiff
1 stor gul løk, skrelt, halvert og i tynne skiver
4 fedd hvitløk, hakket
¾ kopp vann
¼ kopp fersk sitronsaft
¼ kopp frisk hakket koriander

1. Forvarm broiler til høy. Kle en stekeplate med folie. Ordne tomatillos, serrano-pepper, jalapeños og søt paprika på det tilberedte stekebrettet. Stek grønnsakene 4 tommer fra varmen til de er godt forkullet, snu tomatene av og til og fjern grønnsakene mens de forkuller, ca. 10 til 15 minutter. Legg serranos, jalapeños og tomatillos i en bolle. Legg paprikaen på en tallerken. Sett grønnsakene til side til avkjøling.

2. Varm olje over middels høy varme i en stor panne til den skinner. Tørk svinesteken med rene tørkepapir og legg i pannen. Stek til godt brunet på alle sider, snu biffen til å brune jevnt. Overfør biffen til et fat. Reduser varmen til middels. Legg løk i pannen; kok og rør i 5 til 6 minutter eller til den er gylden. Tilsett hvitløken; kok i 1 minutt til. Fjern kjelen fra varmen.

3. Forvarm ovnen til 350°F. For tomatillosaus, kombinere tomatillos, serranos og jalapeños i en foodprosessor eller blender. Dekk til og bland eller bearbeid til glatt; legg til løken i pannen. Sett kjelen på varmen. Kok opp; kok i 4 til 5 minutter eller til blandingen er mørk og tykk. Bland vann, sitronsaft og koriander.

4. Fordel tomatillosausen i en liten stekepanne eller 3-liters rektangulær panne. Legg svinesteken i sausen. Dekk tett med folie. Stek i 40 til 45 minutter eller til et øyeblikkelig avlest termometer satt inn i midten av biffen viser 140 °F.

5. Skjær paprikaen i strimler. Rør inn tomatillosausen i pannen. Lett telt med folie; la det sitte i 10 minutter. Oppskåret kjøtt; bland sausen. Server svinekjøtt skiver sjenerøst toppet med tomatillosaus.

INDREFILET AV SVIN FYLT MED APRIKOSER

OPPLÆRING:20 minutter stek: 45 minutter stå: 5 minutter gjør: 2 til 3 porsjoner

2 friske mellomstore aprikoser, grovhakkede
2 ss usvovelløse rosiner
2 ss hakkede valnøtter
2 ts nyrevet ingefær
¼ ts malt kardemomme
1 12-unse indrefilet av svin
1 spiseskje olivenolje
1 ss sennep i Dijon-stil (se oppskrift)
¼ teskje svart pepper

1. Forvarm ovnen til 375°F. Kle et stekebrett med folie; legg en grill på stekebrettet.

2. Bland aprikoser, rosiner, valnøtter, ingefær og kardemomme i en liten bolle.

3. Kutt ned midten av svinekjøttet på langs, skjær opp til ½ tomme fra den andre siden. Butterfly åpne den. Legg svinekjøttet mellom to lag med plastfolie. Bruk den flate siden av en kjøtthammer og bank kjøttet forsiktig til det er omtrent 1,5 cm tykt. Brett bakenden for å lage et jevnt rektangel. Hell kjøttet forsiktig for å oppnå en jevn tykkelse.

4. Fordel aprikosblandingen over svinekjøttet. Start i den smale enden, rull svinekjøttet. Knyt med 100 % kjøkkengarn i bomull, først i midten, deretter med 1-tommers mellomrom. Legg biffen på grillen.

5. Bland olivenolje og dijonsennep; tråkle biffen. Dryss biffen med pepper. Stek i 45 til 55 minutter eller til et termometer med øyeblikkelig avlesning satt inn i midten av biffen registrerer 140 ° F. La stå i 5 til 10 minutter før du skjærer den i skiver.

URTESKORPE INDREFILET AV SVIN MED SPRØ HVITLØKSOLJE

OPPLÆRING:15 minutter stek: 30 minutter steking: 8 minutter stå: 5 minutter gjør: 6 porsjoner

- ⅓ kopp Dijon-stil sennep (se oppskrift)
- ¼ kopp hakket fersk persille
- 2 ss nyhakket timian
- 1 ss frisk hakket rosmarin
- ½ ts sort pepper
- 2 12-unse indrefileter av svin
- ½ kopp olivenolje
- ¼ kopp frisk hakket hvitløk
- ¼ til 1 teskje malt rød pepper

1. Forvarm ovnen til 450°F. Kle et stekebrett med folie; legg en grill på stekebrettet.

2. I en liten bolle blander du sennep, persille, timian, rosmarin og sort pepper for å lage en pasta. Fordel senneps-urteblandingen over toppen og sidene av svinekjøttet. Overfør svinekjøttet til stekeristen. Sett biffen i ovnen; Senk temperaturen til 375°F. Stek i 30 til 35 minutter eller til et termometer med øyeblikkelig avlesning satt inn i midten av biffen registrerer 140 ° F. La stå i 5 til 10 minutter før du skjærer den i skiver.

3. I mellomtiden, for hvitløksoljen, kombinere olivenolje og hvitløk i en liten kjele. Stek over middels lav varme i 8 til 10 minutter eller til hvitløken er gyllen og begynner å syde (ikke la hvitløken brenne seg). Fjern fra varme; bland med knust rød pepper. svinekjøtt skive; legg hvitløksolje oppå skivene før servering.

INDISK KRYDRET SVINEKJØTT MED KOKOSNØTTSAUS

FRA BEGYNNELSE TIL SLUTT: 20 minutter gjør: 2 porsjoner

- 3 ts karripulver
- 2 ts usaltet garam masala
- 1 ts malt spisskummen
- 1 ts malt koriander
- 1 12-unse indrefilet av svin
- 1 spiseskje olivenolje
- ½ kopp naturlig kokosmelk (som Nature's Way-merket)
- ¼ kopp frisk hakket koriander
- 2 ss hakket fersk mynte

1. Bland 2 ts karripulver, garam masala, spisskummen og koriander i en liten bolle. Skjær svinekjøtt i ½-tommers tykke skiver; dryss med krydder..

2. Varm opp olivenolje på middels varme i en stor panne. Legg svinekjøttskiver i pannen; kok i 7 minutter, snu en gang. Fjern svinekjøtt fra pannen; dekk for å holde varmen. Til sausen, tilsett kokosmelken og de resterende 1 ts karripulver i pannen, rør for å skrape opp bitene. Kok i 2 til 3 minutter. Rør inn koriander og mynte. Legg til svinekjøtt; kok til den er varm, legg sausen over svinekjøttet.

SVINEKJØTT SCALOPPINI MED KRYDREDE EPLER OG KASTANJER

OPPLÆRING:20 minutter koketid: 15 minutter gjør: 4 porsjoner

- 2 12-unse indrefileter av svin
- 1 ss løkpulver
- 1 spiseskje hvitløkspulver
- ½ ts sort pepper
- 2 til 4 ss olivenolje
- 2 Fuji- eller Pink Lady-epler, skrelt, kjernehus og grovhakket
- ¼ kopp finhakket sjalottløk
- ¾ teskje malt kanel
- ⅛ teskje malt nellik
- ⅛ teskje malt muskatnøtt
- ½ kopp kyllingbeinbuljong (se<u>oppskrift</u>) eller usaltet kyllingkraft
- 2 ss fersk sitronsaft
- ½ kopp ristede kastanjer med skall, hakkede* eller hakkede pekannøtter
- 1 ss hakket fersk salvie

1. Skjær indrefileten i ½ tomme tykke skiver på skjevheten. Legg svineskivene mellom to ark med plastfolie. Bruk den flate siden av en kjøtthammer og bank til den er tynn. Dryss skivene med løkpulver, hvitløkspulver og sort pepper.

2. Varm opp 2 ss olivenolje på middels varme i en stor panne. Stek svinekjøttet, i partier, i 3 til 4 minutter, snu

en gang og tilsett olje om nødvendig. Overfør svinekjøtt til en tallerken; dekk til og hold varmt.

3. Øk varmen til middels høy. Tilsett epler, sjalottløk, kanel, nellik og muskatnøtt. Kok og bland i 3 minutter. Rør inn kyllingbeinbuljongen og sitronsaften. Dekk til og kok i 5 minutter. Fjern fra varme; rør inn kastanjene og salvie. Server epleblandingen over svinekjøttet.

*Merk: For å steke kastanjer, forvarm ovnen til 400 °F. Skjær en X i den ene siden av kastanjeskallet. Dette vil tillate huden å løsne mens den koker. Legg kastanjene på et brett og stek i 30 minutter eller til skinnet løsner fra nøtten og nøttene er møre. Pakk de ristede kastanjene inn i et rent kjøkkenhåndkle. Rens skjell og skinn av den gul-hvite valnøtten.

STEK SVINEKJØTT FAJITA

OPPLÆRING:20 minutter å lage mat: 22 minutter Gjør: 4 porsjoner

1 pund indrefilet av svin, kuttet i 2-tommers strimler
3 ss usaltet fajita-krydder eller meksikansk krydder (se oppskrift)
2 ss olivenolje
1 liten løk, i tynne skiver
½ søt rød paprika, frøet og i tynne skiver
½ av en oransje paprika, frøet og i tynne skiver
1 jalapeño, stilket og i tynne skiver (se Tips) (valgfritt)
½ ts spisskummen frø
1 kopp fersk sopp i tynne skiver
3 ss fersk sitronsaft
½ kopp hakket fersk koriander
1 avokado, uten frø, skrelt og i terninger
Ønsket salsa (se resept)

1. Dryss svinekjøttet med 2 ss av fajita-krydderet. Varm 1 ss olje over middels høy varme i en veldig stor panne. Tilsett halvparten av svinekjøttet; kok og rør i ca 5 minutter eller til den ikke lenger er rosa. Ha kjøttet over i en bolle og dekk til for å holde det varmt. Gjenta med gjenværende olje og svinekjøtt.

2. Skru varmen til middels. Tilsett resterende 1 ss fajita-krydder, løk, paprika, jalapeño og spisskummen. Kok og rør i ca 10 minutter eller til grønnsakene er møre. Ha alt kjøttet og oppsamlet saft i pannen. Rør inn sopp og sitronsaft. Kok til den er gjennomvarme. Fjern pannen

fra varmen; rør inn koriander. Server med avokado og ønsket salsa.

SVINEKAM MED PORTVIN OG SVISKER

OPPLÆRING:10 minutter stek: 12 minutter stå: 5 minutter gjør: 4 porsjoner

PORTVIN ER EN FORSTERKET VIN,NOE SOM BETYR AT DEN HAR EN KONJAKK-LIGNENDE SPRIT TILSATT FOR Å STOPPE GJÆRINGSPROSESSEN. DETTE BETYR AT DET ER MER RESTSUKKER I DEN ENN BORDRØDVIN OG FØLGELIG SMAKER DEN SØTERE. DET ER IKKE NOE DU VIL DRIKKE HVER DAG, MEN LITT BRUKT I MATLAGINGEN NÅ OG DA ER GREIT.

- 2 12-unse indrefileter av svin
- 2½ ts malt koriander
- ¼ teskje svart pepper
- 2 ss olivenolje
- 1 sjalottløk, i skiver
- ½ kopp portvin
- ½ kopp kyllingbeinbuljong (se oppskrift) eller usaltet kyllingkraft
- 20 uthulede svisker (svisker)
- ½ ts malt rød pepper
- 2 ts nyhakket estragon

1. Forvarm ovnen til 400°F. Dryss svinekjøtt med 2 ts koriander og sort pepper.

2. Varm opp olivenolje på middels høy varme i en stor ildfast panne. Legg indrefileten i pannen. Stek til de er brune på alle sider og blir jevne, ca 8 minutter. Sett pannen i ovnen. Stek uten lokk i ca. 12 minutter eller til et termometer som er satt inn i midten av biffen,

registrerer 140°F. Overfør indrefileten til et skjærebrett. Dekk løst med aluminiumsfolie og la stå i 5 minutter.

3. I mellomtiden, for sausen, tøm fettet fra pannen, og reserver 1 ss. Kok escalopen i de reserverte dryppene i en panne over middels varme i ca 3 minutter eller til den er brun og myk. Legg portvinen i pannen. Kok opp, rør for å skrape opp eventuelle brunede biter. Tilsett kyllingbeinbuljongen, svisker, knust rød pepper og resterende ½ ts koriander. Kok over middels høy varme for å redusere litt, ca 1 til 2 minutter. Rør inn estragonen.

4. Skjær svinekjøttet og server med svisker og saus.

SVINEKJØTT I MOO SHU-STIL I SALATBEGER MED RASKE SYLTEDE GRØNNSAKER

FRA BEGYNNELSE TIL SLUTT: 45 minutter gjør: 4 porsjoner

HVIS DU HAR SPIST TRADISJONELL MOO SHU PÅ EN KINESISK RESTAURANT VET DU AT DET ER ET VELSMAKENDE FYLL AV KJØTT OG GRØNNSAKER SPIST I TYNNE PANNEKAKER MED EN SØT PLOMME- ELLER HOISINSAUS. DENNE LETTERE, FRISKERE PALEO-VERSJONEN INNEHOLDER SVINEKJØTT, KINAKÅL OG SHIITAKE-SOPP STEKT I INGEFÆR OG HVITLØK OG SERVERT I SALATWRAPS MED SPRØ SYLTEDE GRØNNSAKER.

SYLTEDE GRØNNSAKER
- 1 kopp julienerte gulrøtter
- 1 kopp julienned daikon reddiker
- ¼ kopp hakket rødløk
- 1 kopp usøtet eplejuice
- ½ kopp cider eddik

GRIS
- 2 ss olivenolje eller raffinert kokosolje
- 3 egg, lett pisket
- 8 gram indrefilet av svin, kuttet i 2 × ½-tommers strimler
- 2 ts frisk hakket ingefær
- 4 fedd hvitløk, hakket
- 2 kopper tynt skivet napakål
- 1 kopp shiitakesopp i tynne skiver
- ¼ kopp te skåret i tynne skiver

8 Boston-salatblader

1. For rask pickles, bland gulrøtter, daikon og løk i en stor bolle. For saltlake, varm eplejuice og eddik i en kjele til dampen stiger. Hell saltlaken over grønnsakene i bollen; dekk til og avkjøl til servering.

2. Varm opp 1 ss olje over middels høy varme i en stor panne. Pisk eggene lett med en visp. Tilsett eggene i pannen; kok, uten å røre, til bunnen har stivnet, ca 3 minutter. Bruk en fleksibel slikkepott, snu egget forsiktig og stek den andre siden. Fjern egget fra pannen og over på en tallerken.

3. Sett kjelen på varmen; tilsett resterende 1 ss olje. Tilsett svinekjøttstrimlene, ingefær og hvitløk. Kok og rør over middels høy varme i ca 4 minutter eller til svinekjøttet ikke lenger er rosa. Tilsett kål og sopp; kok og rør i ca 4 minutter eller til kålen er visnet, soppen er mør og svinekjøttet er gjennomstekt. Fjern kjelen fra varmen. Skjær det kokte egget i strimler. Bland forsiktig eggestrimlene og grønn te inn i svinekjøttblandingen. Server i salatblader og topp med syltede grønnsaker.

SVINEKOTELETTER MED MACADAMIAS, SALVIE, FIKEN OG SØTPOTETMOS

OPPLÆRING:15 minutter matlaging: 25 minutter gjør: 4 porsjoner

ASSOSIERT MED SØTPOTETMOS,DISSE SAFTIGE KOTELETTENE MED SALVIE-SPISS ER ET PERFEKT HØSTMÅLTID – OG ET SOM KOMMER RASKT SAMMEN, NOE SOM GJØR DET PERFEKT FOR EN TRAVEL UKEKVELD.

4 benfrie svinekoteletter, kuttet 1¼ tommer tykt

3 ss hakket fersk salvie

¼ teskje svart pepper

3 ss macadamianøtteolje

2 kg søtpoteter, skrelt og kuttet i 1 tommers biter

¾ kopp hakkede macadamianøtter

½ kopp hakkede tørkede fiken

⅓ kopp kjøttbeinbuljong (se*oppskrift*) eller usaltet oksebuljong

1 ss fersk sitronsaft

1. Dryss svinekoteletter på begge sider med 2 ss salvie og pepper; gni med fingrene. Varm 2 ss olje over middels varme i en stor panne. Legg koteletter i pannen; stek i 15 til 20 minutter eller til den er ferdig (145°F), snu en gang halvveis i tilberedningen. Overfør koteletter til en tallerken; dekk for å holde varmen.

2. I mellomtiden, i en stor kjele, kombinerer du søtpotetene og nok vann til å dekke. Kok opp; redusere varmen. Dekk til og la det småkoke i 10 til 15 minutter eller til

potetene er møre. Tøm potetene. Tilsett den resterende spiseskjeen med macadamiaolje til potetene og mos til den er kremaktig; holde varm

3. For saus, tilsett macadamianøtter i pannen; kok på middels varme til de er ristet. Tilsett tørkede fiken og resterende 1 ss salvie; kok i 30 sekunder. Tilsett oksebeinbuljong og sitronsaft i pannen, rør for å skrape opp brunede biter. Hell sausen over pinnekjøttet og server med søtpotetmos.

ROSMARIN LAVENDEL PANNESTEKT SVINEKOTELETTER MED RISTEDE DRUER OG VALNØTTER

OPPLÆRING:10 minutter steking: 6 minutter steking: 25 minutter gir: 4 porsjoner

STEKING AV DRUENE MED PINNEKJØTTETDET INTENSIVERER DERES SMAK OG SØDME. SAMMEN MED KNASENDE RISTEDE VALNØTTER OG ET DRYSS FRISK ROSMARIN UTGJØR DE EN HERLIG TOPPING FOR DISSE SOLIDE KOTELETTENE.

2 ss frisk hakket rosmarin

1 ss hakket frisk lavendel

½ ts hvitløkspulver

½ ts sort pepper

4 svinekoteletter, kuttet 1¼ tommer tykt (ca. 3 pund)

1 spiseskje olivenolje

1 stor sjalottløk, i tynne skiver

1½ kopper røde og/eller grønne druer uten frø

½ kopp tørr hvitvin

¾ kopp grovhakkede valnøtter

Nyhakket rosmarin

1. Forvarm ovnen til 375°F. Kombiner 2 ss rosmarin, lavendel, hvitløkspulver og pepper i en liten bolle. Gni urteblandingen jevnt inn i pinnekjøttet. Varm opp olivenolje på middels varme i en veldig stor, ildfast panne. Legg koteletter i pannen; stek i 6 til 8 minutter eller til de er brune på begge sider. Overfør koteletter til en tallerken; dekk med folie.

2. Tilsett sjalottløken i pannen. Kok og rør over middels varme i 1 minutt. Tilsett druer og vin. Kok i ca 2 minutter til, rør for å skrape opp eventuelle brunede biter. Ha pinnekjøttet tilbake i pannen. Sett pannen i ovnen; stek i 25 til 30 minutter eller til kotelettene er ferdige (145°F).

3. Fordel i mellomtiden valnøttene i et grunt brett. Den legges til ovnen med koteletter. Stek i ca 8 minutter eller til de er gyldenbrune, rør en gang for jevn steking.

4. Til servering, topp svinekoteletter med ristede druer og valnøtter. Dryss over ekstra frisk rosmarin.

FIORENTINA PINNEKJØTT MED GRILLET BROKKOLI

OPPLÆRING:20 minutter grilling: 20 minutter marinering: 3 minutter gir: 4 porsjonerBILDE

"ALLA FIORENTINA"DET BETYR I UTGANGSPUNKTET "I STIL MED FIRENZE". DENNE OPPSKRIFTEN ER STYLET ETTER BISTECCA ALLA FIORENTINA, EN TOSKANSK T-BEIN GRILLET OVER VEDOVN MED DE ENKLESTE SMAKENE – VANLIGVIS BARE OLIVENOLJE, SALT, SORT PEPPER OG EN SKVIS FERSK SITRON TIL SLUTT.

- 1 kilo brokkoli rabe
- 1 spiseskje olivenolje
- 4 6- til 8-unse bein-i svinekoteletter, kuttet 1½ til 2 tommer tykt
- Grovkvernet sort pepper
- 1 sitron
- 4 fedd hvitløk, kuttet i tynne skiver
- 2 ss frisk hakket rosmarin
- 6 friske salvieblader, hakket
- 1 ts malte røde pepperflak (eller etter smak)
- ½ kopp olivenolje

1. I en stor kjele koker du brokkoli rabe i kokende vann i 1 minutt. Overfør umiddelbart til en bolle med isvann. Når den er avkjølt, tøm brokkolien på et bakepapir med papirhåndkle, klapp så tørt som mulig med ekstra papirhåndklær. Fjern papirhåndklærne fra bakeplaten. Drypp brokkoli rabe med 1 ss olivenolje, kast til belegg; sett til side til du skal grille.

2. Dryss pinnekjøttet på begge sider med grovkvernet pepper; sette til side. Bruk en grønnsaksskreller og fjern skallstrimlene fra sitronen (behold sitronen til annen bruk). Press strimler av sitronskall, skivet hvitløk, rosmarin, salvie og knust rød pepper på et stort serveringsfat; sette til side.

3. For en kullgrill flytter du mesteparten av de varme kullene til den ene siden av grillen, og la noen kuller ligge under den andre siden av grillen. Stek kotelettene direkte over glødende kull i 2 til 3 minutter eller til en brun skorpe dannes. Snu kotelettene og stek på den andre siden i ytterligere 2 minutter. Flytt kotelettene til den andre siden av grillen. Dekk til og grill i 10 til 15 minutter eller til den er ferdig (145 °F). (For en gassgrill, forvarm grillen; reduser varmen på den ene siden av grillen til middels. Brun koteletter som anvist ovenfor over høy varme. Bytt til middels varme side av grillen; fortsett som anvist ovenfor.)

4. Overfør kotelettene til fatet. Drypp kotelettene med ½ kopp olivenolje, snu for å dekke begge sider. La kotelettene marinere i 3 til 5 minutter før servering, snu dem en eller to ganger for å tilføre kjøttet smaken av sitronskall, hvitløk og urter.

5. Mens kotelettene hviler, griller du brokkoliraben til den er lett forkullet og gjennomvarm. Anrett brokkoli rabe på fat med svinekoteletter; hell marinaden over hver kotelett og brokkolirabe før servering.

SVINEKOTELETTER FYLT MED ESCAROLE

OPPLÆRING:20 minutter koketid: 9 minutter gjør: 4 porsjoner

ESCAROLE KAN SPISES SOM EN GRØNN SALATELLER FRES LETT MED HVITLØK I OLIVENOLJE FOR EN RASK SIDERETT. HER, KOMBINERT MED OLIVENOLJE, HVITLØK, SORT PEPPER, KNUST RØD PEPPER OG SITRON, BLIR DET EN VAKKER KNALLGRØNN FYLLING FOR SAFTIGE PINNEKJØTT.

- 4 6- til 8-ounce svinekoteletter med ben, kuttet ¾-tommers tykt
- ½ av en middels ende escarole, finhakket
- 4 ss olivenolje
- 1 ss fersk sitronsaft
- ¼ teskje svart pepper
- ¼ teskje malt rød pepper
- 2 store fedd hvitløk, hakket
- Oliven olje
- 1 ss hakket fersk salvie
- ¼ teskje svart pepper
- ⅓ kopp tørr hvitvin

1. Bruk en snittkniv og skjær en dyp lomme, omtrent 2 tommer bred, i den buede siden av hver pinnekjøtt; sette til side.

2. I en stor bolle kombinerer du escarole, 2 ss olivenolje, sitronsaft, ¼ ts sort pepper, knust rød pepper og hvitløk. Fyll hver kotelett med en fjerdedel av blandingen. Pensle kotelettene med olivenolje. Dryss med salvie og ¼ ts malt svart pepper.

3. Varm opp de resterende 2 ss olivenolje over middels høy varme i en veldig stor panne. Stek svinekjøttet i 4 minutter på hver side til det er gyldenbrunt. Ha kotelettene over på en tallerken. Tilsett vin i pannen, skrap opp brunede biter. Reduser pannesaften i 1 minutt.

4. Pensle kotelettene med pannesaft før servering.

DIJON-PECAN CRUSTED SVINEKOTELETTER

OPPLÆRING:15 minutter matlaging: 6 minutter baking: 3 minutter gjør: 4 porsjonerBILDE

DISSE KOTELETTENE MED SENNEPSVALNØTTDET KUNNE IKKE VÆRT ENKLERE Å LAGE – OG SMAKSUTBYTTET OPPVEIER LANGT ANSTRENGELSENE. PRØV DEM MED KANELSTEKT ZUCCHINI (SEOPPSKRIFT), NYKLASSISK WALDORFSALAT (SEOPPSKRIFT), ELLER ROSENKÅL OG EPLESALAT (SEOPPSKRIFT).

⅓ kopp finhakkede pekannøtter, ristede (seTips)

1 ss hakket fersk salvie

3 ss olivenolje

4 senterkuttede svinekoteletter med bein, omtrent 1 tomme tykke (omtrent 2 pund totalt)

½ ts sort pepper

2 ss olivenolje

3 ss sennep i Dijon-stil (seoppskrift)

1. Forvarm ovnen til 400°F. Kombiner pekannøtter, salvie og 1 ss olivenolje i en liten bolle.

2. Dryss svinekoteletter med pepper. Varm de resterende 2 ss olivenolje over høy varme i en stor ildfast panne. Tilsett koteletter; stek i ca. 6 minutter eller til de er brune på begge sider, snu en gang. Fjern kjelen fra varmen. Fordel sennep i Dijon-stil på toppen av koteletter; dryss over pecanblandingen, trykk lett inn i sennepen.

3. Sett pannen i ovnen. Stek i 3 til 4 minutter eller til kotelettene er ferdige (145°F).

VALNØTTSVINEKJØTT MED BJØRNEBÆR OG SPINATSALAT

OPPLÆRING:30 minutter koketid: 4 minutter gjør: 4 porsjoner

SVINEKJØTT HAR EN NATURLIG SØT SMAKSOM PASSER GODT TIL FRUKT. SELV OM DE VANLIGE MISTENKTE ER HØSTFRUKTER SOM EPLER OG PÆRER - ELLER STEINFRUKTER SOM FERSKEN, PLOMMER OG APRIKOSER - ER SVINEKJØTT OGSÅ DEILIG MED BJØRNEBÆR, SOM HAR EN SØT-TERT SMAK SOM LIGNER PÅ VINEN.

1⅔ kopper bjørnebær

1 ss pluss 1½ ts vann

3 ss valnøttolje

1 ss pluss 1½ ts hvitvinseddik

2 egg

¾ kopp mandelmel

⅓ kopp finhakkede valnøtter

1 ss pluss 1½ ts middelhavskrydder (se oppskrift)

4 svinekoteletter eller benfrie pinnekjøtt (1 til 1½ pund totalt)

6 kopper ferske babyspinatblader

½ kopp nyrevet basilikumblader

½ kopp hakket rødløk

½ kopp hakkede, ristede valnøtter (se Tips)

¼ kopp raffinert kokosolje

1. For bjørnebærvinaigretten, i en liten kjele, kombinere 1 kopp bjørnebær og vann. Kok opp; redusere varmen. Kok, dekket, i 4 til 5 minutter eller bare til bærene er myke og lysebrune i fargen, rør av og til. Fjern fra

varme; den avkjøles litt. Hell uskrellede bjørnebær i en blender eller foodprosessor; dekk til og bland eller bearbeid til den er jevn. Bruk baksiden av en skje og press de purerte bærene gjennom en finmasket sil; kast frø og faste stoffer. I en middels bolle kombinerer du anstrengte bær, valnøttolje og eddik; sette til side.

2. Kle et stort stekebrett med bakepapir; sette til side. I en litt dyp bolle, pisk eggene forsiktig godt med en gaffel. I en annen grunn rett kombinerer du mandelmel, ⅓ kopp hakkede valnøtter og middelhavskrydderet. Dypp pinnekjøttet, en om gangen, i eggene og deretter i nøtteblandingen, og snu til jevn pels. Plasser belagte svinekoteletter på tilberedt bakeplate; sette til side.

3. Kombiner spinat og basilikum i en stor bolle. Del grønnsakene mellom fire serveringsfat, og legg dem langs den ene siden av tallerkenen. Topp med ⅔ kopp gjenværende bær, rødløk og ½ kopp ristede valnøtter. Drypp med bjørnebærvinaigrette.

4. Varm kokosolje over middels høy varme i en veldig stor panne. Legg svinekotelett til pannen; kok i ca. 4 minutter eller til den er ferdig (145°F), snu én gang. Legg svinekoteletter til salattallerkener.

SVINESCHNITZEL MED SURSØT RØDKÅL

OPPLÆRING: 20 minutter å lage mat: 45 minutter Gjør: 4 porsjoner

I "PALEO-PRINSIPPER" DELEN AV DENNE BOKEN, MANDELMEL (OGSÅ KALT MANDELMEL) ER OPPFØRT SOM EN IKKE-PALEO-INGREDIENS - IKKE FORDI MANDELMEL ER IBOENDE DÅRLIG, MEN FORDI DET OFTE BRUKES TIL Å LAGE ANALOGER AV BROWNIES, KJEKS, KAKER, OSV., SOM IKKE BURDE. VÆRE EN VANLIG DEL AV REAL PALEO DIET®. BRUKT SPARSOMT SOM PÅLEGG TIL ET TYNT SKALL AV PANNESTEKT SVIN ELLER FJÆRFE, SLIK DET ER HER, ER DET IKKE NOE PROBLEM.

KÅL
  2 ss olivenolje
  1 kopp hakket rødløk
  6 kopper rødkål i tynne skiver (omtrent et halvt hode)
  2 Granny Smith-epler, skrellet, kjernet ut og kuttet i terninger
  ¾ kopp fersk appelsinjuice
  3 ss cider eddik
  ½ ts spisskummen frø
  ½ teskje sellerifrø
  ½ ts sort pepper

GRIS
  4 benfrie svinekoteletter, kuttet ½ tomme tykt
  2 kopper mandelmel
  1 ss tørket sitronskall
  2 ts sort pepper

¾ ts malt allehånde
1 stort egg
¼ kopp mandelmelk
3 ss olivenolje
Sitronhjul

1. For søt og sur kål, i en 6-liters nederlandsk ovn, varm olivenolje over middels lav varme. Tilsett løk; kok i 6 til 8 minutter eller til de er myke og lett brune. Tilsett kål; kok og rør i 6 til 8 minutter eller til kålen er sprø og mør. Tilsett epler, appelsinjuice, eddik, spisskummen, sellerifrø og ½ ts pepper. Kok opp; reduser varmen til lav. Dekk til og kok i 30 minutter, rør av og til. Dekk til og kok til væsken er litt redusert.

2. I mellomtiden, for svinekjøttet, legg koteletter mellom to ark med plastfolie eller vokset papir. Bruk den flate siden av en kjøttklubbe eller kjevle, bank til omtrent ¼ tomme tykk; sette til side.

3. Kombiner mandelmel, tørket sitronskall, 2 ts pepper og allehånde i en grunne bolle. I en annen grunn bolle, visp sammen egget og mandelmelken. Smør svinekoteletter lett med krydret mel, rist av overflødig. Dypp i eggeblandingen, så igjen i krydret mel, rist av overflødig. Gjenta med de resterende kotelettene.

4. Varm opp olivenolje over middels høy varme i en stor panne. Tilsett 2 koteletter i pannen. Stek i 6 til 8 minutter eller til kotelettene er gyldenbrune og gjennomstekt, snu en gang. Ha kotelettene over på et varmt fat. Gjenta med de resterende 2 kotelettene.

5. Server kotelett med kål og sitronskiver.

RØKT BABYRYGGRIBBE MED EPLE- OG SENNEPSMOPPSAUS

GJENNOMVÅT:1 time stand: 15 minutter røkt: 4 timer matlaging: 20 minutter gjør: 4 porsjonerBILDE

RIK SMAK OG KJØTTFULL TEKSTURRØKT RIBBE KREVER NOE KALDT OG KNASENDE Å GÅ MED. NESTEN HVILKEN SOM HELST SLAW DUGER, MEN FENNIKELSLAW (SEOPPSKRIFTOG PÅ BILDETHER), ER SPESIELT BRA.

RIBB
 8 til 10 stykker eple- eller hickorytre
 3 til 3½ pund svineribbe
 ¼ kopp røkt krydder (seoppskrift)

S.O.S
 1 middels kokt eple, skrelt, kjernehuset og i tynne skiver
 ¼ kopp hakket løk
 ¼ kopp vann
 ¼ kopp cider eddik
 2 ss sennep i Dijon-stil (seoppskrift)
 2 til 3 ss vann

1. Bløtlegg trebitene i nok vann til å dekke dem minst 1 time før røyking. Tøm før bruk. Trim synlig fett fra ribbeina. Fjern eventuelt den tynne membranen bak ribbeina. Legg ribben i en stor, grunn panne. Dryss jevnt med røkt krydder; gni med fingrene. La stå i romtemperatur i 15 minutter.

2. I en røyker, ordne de forvarmede kullene, drenerte vedbitene og brettet med vann i henhold til

produsentens instruksjoner. Hell vann i pannen. Legg ribba, med beinsiden ned, på grillen over pannen med vann. (Eller legg ribbe i en ribberist; legg ribberist på grillen.) Dekk til og røyk i 2 timer. Oppretthold en temperatur på ca. 225°F i røykeren gjennom hele røykeperioden. Tilsett ekstra kull og vann etter behov for å opprettholde temperatur og fuktighet.

3. I mellomtiden, for moppsausen, i en liten kjele, kombinerer du epleskivene, løken og ¼ kopp vann. Kok opp; redusere varmen. Kok, dekket, i 10 til 12 minutter eller til epleskivene er veldig møre, rør av og til. Avkjøl litt; overfør skrelt eple og løk til en foodprosessor eller blender. Dekk til og bearbeid eller bland til den er jevn. Ha pureen i kasserollen. Rør inn eddik og sennep i Dijon-stil. Kok på middels lav varme i 5 minutter, rør av og til. Tilsett 2 til 3 ss vann (eller mer etter behov) for å gjøre dressingen til konsistensen som en vinaigrette. Del sausen i tredjedeler.

4. Etter 2 timer drysser du ribba sjenerøst med en tredjedel av moppsausen. Dekk til og røyk i ytterligere 1 time. Pensle igjen med ytterligere en tredjedel av moppsausen. Pakk hvert stykke ribbe i kraftig folie og legg ribba tilbake på røykemaskinen, overlapp om nødvendig. Dekk til og røyk i ytterligere 1 til 1½ time eller til ribba er møre.*

5. Pakk ut ribba og pensle med den resterende tredjedelen av moppsausen. Skjær ribben mellom beina til servering.

*Tips: For å teste ømheten til ribben, fjern forsiktig folien fra en av ribbeplatene. Løft ribbeplaten med en tang, hold platen med en fjerdedel av toppen av platen. Snu ribbeplaten slik at kjøttsiden vender ned. Hvis ribba er mør, skal platen begynne å falle fra hverandre når du løfter den. Hvis den ikke er mør, pakk inn igjen i folie og fortsett å røyke ribben til den er mør.

OVNSGRILLET SVINERIBBE I LANDSTIL MED FRISK ANANASSALAT

OPPLÆRING:20 minutter matlaging: 8 minutter baking: 1 time 15 minutter gir: 4 porsjoner

SVINERIBBE I LANDLIG STIL ER KJØTTFULL,BILLIG OG HVIS DE BEHANDLES RIKTIG, SOM KOKT LAVT OG SAKTE I ET ROT AV BARBECUESAUS, BLIR DE SMELTENDE MØRE.

2 pund med benfri svineribbe i landlig stil
¼ teskje svart pepper
1 ss raffinert kokosolje
½ kopp fersk appelsinjuice
1½ kopper BBQ-saus (se oppskrift)
3 kopper strimlet grønn og/eller rødkål
1 kopp revne gulrøtter
2 kopper finhakket ananas
⅓ kopp Bright Citrus vinaigrette (se oppskrift)
BBQ-saus (se oppskrift) (valgfritt)

1. Forvarm ovnen til 350°F. Dryss svinekjøtt med pepper. I en veldig stor stekepanne, varm kokosolje over middels høy varme. Legg til svineribbe; kok i 8 til 10 minutter eller til jevnt brunet. Legg ribba i en 3-liters rektangulær panne.

2. For saus, tilsett appelsinjuice i pannen, rør for å skrape opp brunede biter. Rør inn 1½ kopper BBQ-saus. Hell sausen over ribba. Snu ribba for å dekke med saus (bruk eventuelt en konditorkost til å spre saus over ribba). Dekk bakebollen godt med aluminiumsfolie.

3. Stek ribbe i 1 time. Fjern folien og pensle ribba med sausen fra bakebollen. Stek i ca 15 minutter til eller til ribba er mør og brun og sausen har tyknet litt.

4. I mellomtiden, til ananassalaten, kombinerer du grønnkål, gulrøtter, ananas og Bright Citrus Vinaigrette. Dekk til og avkjøl til servering.

5. Server ribbe med slaw og eventuelt ekstra BBQ-saus.

KRYDRET GULASJ AV SVIN

OPPLÆRING:20 minutter å lage mat: 40 minutter Gir: 6 porsjoner

SERVER DENNE LAPSKAUSEN I UNGARSK STILPÅ EN SENG AV SPRØ, KNAPT VISNET GRØNNKÅL TIL ET MÅLTID MED ÉN RETT. KNUS SPISSKUMMEN FRØ I EN MORTER OG STAMPER HVIS DU HAR. HVIS IKKE, KNUS DEM UNDER DEN BREDE SIDEN AV EN KOKKEKNIV VED Å TRYKKE LETT PÅ KNIVEN MED KNYTTNEVEN.

GULASJ

1½ kg kvernet svinekjøtt

2 kopper hakket rød, oransje og/eller gul paprika

¾ kopp finhakket rødløk

1 frisk rød chilipepper, uten frø og finhakket (se Tips)

4 teskjeer røkt krydder (se oppskrift)

1 ts spisskummen frø, knust

¼ teskje malt merian eller oregano

1 14-unse boks i terninger, uten salt tilsatt, ukuttede tomater

2 ss rødvinseddik

1 ss finhakket sitronskall

⅓ kopp hakket fersk persille

KÅL

2 ss olivenolje

1 middels løk, i skiver

1 lite hode med grønn eller rødkål, kjernekjernet og i tynne skiver

1. Til lapskausen, i en stor nederlandsk ovn, stek kvernet svinekjøtt, paprika og løk over middels høy varme i 8 til 10 minutter, eller til svinekjøttet ikke lenger er rosa og grønnsakene er sprø og møre, bland med en tresleiv. å rive kjøttet Tøm fettet. Reduser varmen til lav; tilsett rød chili, røykfylte krydder, spisskummen frø og merian. Dekk til og kok i 10 minutter. Tilsett de upressede tomatene og eddiken. Kok opp; redusere varmen. Kok, dekket, i 20 minutter.

2. I mellomtiden, for kålen, varm oljen i en veldig stor panne på middels varme. Tilsett løken og stek til den er myk, ca 2 minutter. Tilsett kål; rør for å kombinere. Reduser varmen til lav. Kok i ca 8 minutter eller til kålen er så vidt mør, rør av og til.

3. Til servering legger du litt av kålblandingen på en tallerken. Topp med gulasj og dryss over sitronskall og persille.

MARINARA ITALIENSKE PØLSEKJØTTBOLLER MED HAKKET FENNIKEL OG SAUTERT LØK

OPPLÆRING:30 minutter Stek: 30 minutter Stek: 40 minutter
Gir: 4 til 6 porsjoner

DENNE OPPSKRIFTEN ER ET SJELDENT EKSEMPELAV ET HERMETISERT PRODUKT SOM OGSÅ PRESTERER – OM IKKE BEDRE ENN – DEN FERSKE VERSJONEN. MED MINDRE DU HAR VELDIG, VELDIG MODNE TOMATER, FÅR DU IKKE SÅ GOD KONSISTENS I EN SAUS MED FERSKE TOMATER SOM DU KAN MED HERMETISKE TOMATER. BARE SØRG FOR AT DU BRUKER ET PRODUKT UTEN TILSATT SALT OG, ENDA BEDRE, ØKOLOGISK.

KJØTTBOLLER
- 2 store egg
- ½ kopp mandelmel
- 8 fedd hvitløk, hakket
- 6 ss tørr hvitvin
- 1 ss paprika
- 2 ts sort pepper
- 1 ts fennikelfrø, litt knust
- 1 ts tørket oregano, knust
- 1 ts tørket timian, knust
- ¼ til ½ ts kajennepepper
- 1½ kg kvernet svinekjøtt

SJØMANN
- 2 ss olivenolje

2 15-unse bokser knuste tomater uten tilsatt salt eller 1 28-unse boks knuste tomater uten tilsatt salt

½ kopp hakket fersk basilikum

3 mellomstore fennikelløker, halvert, kjernekledd og i tynne skiver

1 stor søt løk, halvert og i tynne skiver

1. Forvarm ovnen til 375°F. Kle en stor bakeplate med bakepapir; sette til side. I en stor bolle, visp sammen egg, mandelmel, 6 fedd hakket hvitløk, 3 ss vin, paprika, 1½ ts sort pepper, fennikelfrø, oregano, timian og cayennepepper. Legg til svinekjøtt; Rør godt om. Form svinekjøttblandingen til 1½-tommers patties (bør lage ca 24 patties); ordne i et enkelt lag på tilberedt bakeplate. Stek i ca 30 minutter eller til de er lett brune, snu en gang mens du steker.

2. I mellomtiden, for marinara-sausen, varm opp 1 ss olivenolje i en 4- til 6-liters nederlandsk ovn. Tilsett de resterende 2 fedd hvitløk; kok ca 1 minutt eller til den begynner å bli brun. Tilsett raskt de resterende 3 ss vin, knuste tomater og basilikum. Kok opp; redusere varmen. Kok uten lokk i 5 minutter. Kast de kokte kjøttbollene forsiktig inn i marinarasausen. Dekk til og la det småkoke i 25 til 30 minutter.

3. I mellomtiden, i en stor stekepanne, varm opp de resterende 1 ss olivenolje over middels varme. Rør inn skivet fennikel og løk. Kok i 8 til 10 minutter eller til de er møre og lett brune, rør ofte. Smak til med den resterende ½ ts sort pepper. Server kjøttbollene og marinarasausen over fennikel- og løksausen.

ZUCCHINIBÅTER FYLT MED SVINEKJØTT MED BASILIKUM OG PINJEKJERNER

OPPLÆRING:20 minutter steking: 22 minutter baking: 20 minutter gir: 4 porsjoner

BARN VIL ELSKE DENNE MORSOMME RETTENAV UTHULTE GRESSKAR FYLT MED KVERNET SVINEKJØTT, TOMATER OG PAPRIKA. HVIS DU VIL, TILSETT 3 SS BASILIKUMPESTO (SE OPPSKRIFT) I STEDET FOR FERSK BASILIKUM, PERSILLE OG PINJEKJERNER.

2 mellomstore gresskar

1 ss ekstra virgin olivenolje

12 gram malt svinekjøtt

¾ kopp hakket løk

2 fedd hvitløk, hakket

1 kopp hakkede tomater

⅔ kopp finhakket gul eller oransje paprika

1 ts fennikelfrø, litt knust

½ ts knuste røde pepperflak

¼ kopp hakket fersk basilikum

3 ss hakket fersk persille

2 ss pinjekjerner, ristede (se Tips) og grovhakket

1 ts finhakket sitronskall

1. Forvarm ovnen til 350°F. Skjær squashen i to på langs og skrap forsiktig ut midten, og etterlater et ¼-tommers tykt skinn. Grovhakk zucchinikjøttet og sett til side. Plasser courgettehalvdelene, med kuttesiden opp, på en bakeplate med folie.

2. For fyllet, i en stor stekepanne, varm olivenolje over middels høy varme. Legg til kvernet svinekjøtt; kok til de ikke lenger er rosa, rør med en tresleiv for å bryte opp kjøttet. Tøm fettet. Reduser varmen til middels. Legg til reservert zucchinikjøtt, løk og hvitløk; kok og rør i ca 8 minutter eller til løken er myk. Rør inn tomater, paprika, fennikelfrø og knust rød pepper. Kok i ca 10 minutter eller til tomatene er myke og begynner å brytes ned. Fjern kjelen fra varmen. Rør inn basilikum, persille, pinjekjerner og sitronskall. Fordel fyllet i squashskallene, bland forsiktig inn. Stek i 20 til 25 minutter eller til courgetteskinnene er sprø og møre.

"DADDY" BOLLER MED SVINEKJØTT OG ANANAS MED KOKOSMELK OG URTER

OPPLÆRING:30 minutter steking: 15 minutter baking: 40 minutter gir: 4 porsjonerBILDE

- 1 stor spaghetti squash
- 2 ss raffinert kokosolje
- 1 kg kvernet svinekjøtt
- 2 ss finhakket tåke
- 2 ss fersk sitronsaft
- 1 ss nyhakket ingefær
- 6 fedd hvitløk, hakket
- 1 ss hakket sitrongress
- 1 ss rødt karripulver i thailandsk stil uten tilsatt salt
- 1 kopp hakket rød paprika
- 1 kopp hakket løk
- ½ kopp julienert gulrot
- 1 baby bok choy, i skiver (3 kopper)
- 1 kopp fersk knappsopp i skiver
- 1 eller 2 thailandske fjærkre chili, tynne skiver (seTips)
- 1 13,5-unse boks med naturlig kokosmelk (som Nature's Way)
- ½ kopp kyllingbeinbuljong (seoppskrift) eller usaltet kyllingkraft
- ¼ kopp fersk ananasjuice
- 3 ss cashew smør, usaltet, uten olje
- 1 kopp fersk ananas i terninger

limeskiver
Frisk koriander, mynte og/eller thaibasilikum
Hakkede ristede cashewnøtter

1. Forvarm ovnen til 400°F. Mikrobølgeovn spaghetti squash i 3 minutter. Skjær squashene forsiktig i to på langs og skrap ut frøene. Gni 1 ss kokosolje over de kuttede sidene av gresskaret. Legg squashhalvdelene med snittsiden ned på en bakeplate. Stek i 40 til 50 minutter eller til gresskar lett kan stikkes hull med en kniv. Bruk tindene på en gaffel, skrap kjøttet fra skinnet og hold det varmt til det skal serveres.

2. I mellomtiden, i en middels bolle, kombinerer du svinekjøtt, grønn te, sitronsaft, ingefær, hvitløk, sitrongress og karripulver; Rør godt om. Varm opp den resterende 1 ss kokosolje i en veldig stor panne over middels høy varme. Tilsett svinekjøttblanding; kok til de ikke lenger er rosa, rør med en tresleiv for å bryte opp kjøttet. Tilsett paprika, løk og gulrot; kok og rør i ca 3 minutter eller til grønnsakene er sprø og møre. Rør inn bok choy, sopp, chili, kokosmelk, kyllingbeinbuljong, ananasjuice og cashewsmør. Kok opp; redusere varmen. Tilsett ananas; småkoke uten lokk til de er gjennomvarme.

3. For å servere deler du spaghetti squash mellom fire serveringsboller. Legg karrigris på toppen av gresskaret. Server med limebåter, urter og cashewnøtter.

KRYDRET GRILLET SVINEKAM MED KRYDRET AGURKSALAT

OPPLÆRING:30 minutter grill: 10 minutter stå: 10 minutter
gjør: 4 porsjoner

SPRØ AGURKSALATSMAKSATT MED FERSK MYNTE ER ET FORFRISKENDE OG FORFRISKENDE TILLEGG TIL KRYDRET SVINEKJØTTBURGERE.

⅓ kopp olivenolje
¼ kopp hakket fersk mynte
3 ss hvitvinseddik
8 fedd hvitløk, hakket
¼ teskje svart pepper
2 mellomstore agurker, skåret veldig tynne
1 liten løk, i tynne skiver (ca ½ kopp)
1¼ til 1½ kg kvernet svinekjøtt
¼ kopp hakket fersk koriander
1 til 2 mellomstore friske jalapeño- eller serrano-pepper, frøet (om ønskelig) og finhakket (se Tips)
2 mellomstore røde paprika, frødd og delt i kvarte
2 ts olivenolje

1. I en stor bolle, visp sammen ⅓ kopp olivenolje, mynte, eddik, 2 hakkede hvitløksfedd og sort pepper. Tilsett skivede agurker og løk. Bland til det er godt dekket. Dekk til og avkjøl til du skal servere, rør en eller to ganger.

2. Kombiner svinekjøtt, koriander, chili og de resterende 6 hakkede hvitløksfeddene i en stor bolle. Form til fire ¾-

tommers tykke bøffer. Pensle pepperkvartene lett med 2 ts olivenolje.

3. For en kull- eller gassgrill, plasser kjøttboller og paprikakvarter direkte på middels varme. Dekk til og grill til et øyeblikkelig avlest termometer satt inn i sidene av svinekjøttet registrerer 160 °F og pepperkvartene er møre og litt forkullet, snu patteene og pepperkvartene en gang halvveis gjennom grillingen. Tillat 10 til 12 minutter for kjøttboller og 8 til 10 minutter for kvartede paprika.

4. Når pepperkvartene er klare, pakk dem inn i et stykke folie for å omslutte dem helt. La stå i ca 10 minutter eller til det er kjølig nok til å håndtere. Bruk en skarp kniv og fjern skinnet forsiktig fra paprikaen. Skjær pepper i tynne kvarter på langs.

5. For å servere, sleng agurksalaten og legg jevnt på fire store serveringsfat. Legg en svinebolle på hver tallerken. Ha de røde paprikaskivene jevnt over kjøttbollene.

ZUCCHINI CRUST PIZZA MED SOLTØRKET TOMATPESTO, PAPRIKA OG ITALIENSK PØLSE

OPPLÆRING: 30 minutter steking: 15 minutter baking: 30 minutter gir: 4 porsjoner

DETTE ER KNIV OG GAFFEL PIZZA. PASS PÅ Å PRESSE PØLSEN OG PAPRIKAEN FORSIKTIG INN I DEN PESTOBELAGTE SKORPEN SLIK AT PÅLEGGENE FESTER SEG NOK TIL AT PIZZAEN KAN KUTTES GODT.

- 2 ss olivenolje
- 1 ss finmalte mandler
- 1 stort egg, lett pisket
- ½ kopp mandelmel
- 1 ss nyhakket oregano
- ¼ teskje svart pepper
- 3 fedd hvitløk, hakket
- 3½ kopper strimlet zucchini (2 medium)
- Italiensk pølse (se oppskrift, Nedre)
- 1 ss ekstra virgin olivenolje
- 1 søt paprika (gul, rød eller halvparten av hver), frøet og kuttet i veldig tynne strimler
- 1 liten løk, i tynne skiver
- Soltørket tomatpesto (se oppskrift, Nedre)

1. Forvarm ovnen til 425°F. Smør en 12-tommers pizzapanne med 2 ss olivenolje. Dryss malte mandler; sette til side.

2. For skorpen, kombinere egg, mandelmel, oregano, sort pepper og hvitløk i en stor bolle. Legg den strimlede

zucchinien i et rent håndkle eller et stykke osteduk. Pakk godt inn

SITRON-KORIANDER RØKT LAMMELÅR MED GRILLET ASPARGES

GJENNOMVÅT:30 minutter forberedelse: 20 minutter grill: 45 minutter stå: 10 minutter gjør: 6 til 8 porsjoner

ENKEL, MEN LIKEVEL ELEGANT, DENNE RETTEN PAKKER EN PUNCHTO INGREDIENSER SOM FÅR SINE EGENSKAPER OM VÅREN — LAM OG ASPARGES. Å STEKE KORIANDERFRØENE FORSTERKER DEN VARME, JORDAKTIGE OG LITT SYRLIGE SMAKEN.

1 kopp hickory flis
2 ss korianderfrø
2 ss finhakket sitronskall
1½ ts sort pepper
2 ss nyhakket timian
1 2- til 3-kilos beinfri lammelår
2 bunter fersk asparges
1 spiseskje olivenolje
¼ teskje svart pepper
1 sitron, delt i kvarte

1. Minst 30 minutter før røyking, bløtlegg hickorychipsene i en bolle i nok vann til å dekke; sette til side. I mellomtiden, i en liten panne, rist korianderfrøene på middels varme i ca. 2 minutter eller til dufter og sprekker, rør ofte. Fjern frø fra pannen; la det avkjøles. Når frøene er avkjølt, knuser du grovt i en morter og stamper (eller legg frøene på et skjærebrett og knus dem med baksiden av en tresleiv). Kombiner de knuste

korianderfrøene, sitronskall, 1½ ts pepper og timian i en liten bolle; sette til side.

2. Fjern nettingen fra lammesteken, hvis den finnes. På en arbeidsflate åpner du biffen med fetsiden ned. Dryss halvparten av krydderblandingen over kjøttet; gni med fingrene. Rull sammen biffen og surr med fire til seks stykker kjøkkengarn i 100 % bomull. Dryss den resterende krydderblandingen over utsiden av biffen, trykk lett for å feste seg.

3. For en kullgrill, ordne middels varme kull rundt en drypppanne. Test over middels varme over pannen. Dryss den drenerte flisen over kullene. Legg lammesteken på grillen over drypppannen. Dekk til og røyk i 40 til 50 minutter for medium (145 °F). (For en gassgrill, forvarm grillen. Reduser varmen til middels. Juster for indirekte tilberedning. Røyk som ovenfor, bortsett fra å tilsette drenert flis i henhold til produsentens anvisninger.) Dekk biffen løst med folie. La stå i 10 minutter før du skjærer i skiver.

4. Skjær imens treendene av aspargesen. I en stor bolle, sleng aspargesen med olivenolje og ¼ ts pepper. Legg aspargesen rundt ytterkantene på grillen, rett over kullene og vinkelrett på grillen. Dekk til og grill i 5 til 6 minutter til den er sprø. Press sitronskivene over aspargesen.

5. Fjern hyssingen fra lammesteken og skjær kjøttet i tynne skiver. Server kjøttet med grillet asparges.

LAM HOT POT

OPPLÆRING:30 minutter koketid: 2 timer og 40 minutter gir: 4 porsjoner

VARM OPP MED DENNE VELSMAKENDE LAPSKAUSENPÅ EN HØST- ELLER VINTERNATT. STUINGEN SERVERES OVER EN FLØYELSMYK PURE AV SELLERIROT OG PASTINAKK, SMAKSATT MED SENNEP I DIJON-STIL, CASHEWKREM OG GRESSLØK. MERK: SELLERIROT KALLES NOEN GANGER SELLERI.

10 sorte pepperkorn

6 salvieblader

3 hele allehånde

2 2-tommers strimler med appelsinskall

2 kg beinfri lammeskulder

3 ss olivenolje

2 mellomstore løk, grovhakket

1 14,5-unse boks tomater i terninger, ikke tilsatt salt, skrellet

1½ kopper oksebeinbuljong (seoppskrift) eller usaltet oksebuljong

¾ kopp tørr hvitvin

3 store fedd hvitløk, knust og skrellet

2 pund sellerirot, skrelt og kuttet i 1-tommers terninger

6 mellomstore pastinakk, skrelt og kuttet i 1-tommers skiver (ca. 2 pund)

2 ss olivenolje

2 ss cashewkrem (seoppskrift)

1 ss sennep i Dijon-stil (seoppskrift)

¼ kopp hakket gressløk

1. For bouquet garni, kutt en 7-tommers firkant med ost. Legg pepperkorn, salvie, allehånde og appelsinskall i midten av håndkleet. Ta opp hjørnene på ostekluten og surr godt med ren 100 % bomullssnøre. Sette til side.

2. Trim fettet fra lammeskulderen; skjær lam i 1-tommers biter. I en nederlandsk ovn, varm de 3 ss olivenolje over middels varme. Kok lammet, i om nødvendig porsjoner, i varm olje til det er brunet; ta ut av pannen og hold varm. Legg løk i pannen; kok i 5 til 8 minutter eller til de er myke og lett brune. Tilsett bouquet garni, ukrympede tomater, 1¼ kopper kjøttbeinbuljong, vin og hvitløk. Kok opp; redusere varmen. Kok, dekket, i 2 timer, rør fra tid til annen. Fjern og kast buketten garni.

3. I mellomtiden, for pureen, legg selleriroten og pastinakk i en stor gryte; dekk til med vann. Kok opp over middels høy varme; reduser varmen til lav. Dekk til og la det småkoke i 30 til 40 minutter eller til grønnsakene er veldig møre når de stikkes igjennom med en gaffel. lekkasje; legg grønnsakene i en foodprosessor. Tilsett resterende ¼ kopp kjøttbeinbuljong og 2 ss olje; pulser til pureen er nesten jevn, men fortsatt har litt tekstur, stopp en eller to ganger for å skrape ned sidene. Ha pureen over i en bolle. Rør inn cashewkrem, sennep og gressløk.

4. For å servere, del pureen mellom fire boller; topp med Lamb Hot Pot.

LAMMEGRYTE MED SELLERIROTNUDLER

OPPLÆRING:30 minutter Stek: 1 time 30 minutter Gir: 6 porsjoner

SELLERIROT TAR NOE HELT ANNETDANNES I DENNE GRYTEN ENN I DEN VARME GRYTEN MED LAM (SE OPPSKRIFT). EN MANDOLINSKJÆRER BRUKES TIL Å LAGE VELDIG TYNNE STRIMLER AV SØT OG NØTTEAKTIG ROT. "KIKERTENE" KOKES I STUINGEN TIL DE BLIR MØRE.

- 2 ts sitron- og urtekrydder (se oppskrift)
- 1½ pund lammegryte, kuttet i 1-tommers terninger
- 2 ss olivenolje
- 2 kopper hakket løk
- 1 kopp hakkede gulrøtter
- 1 kopp neper i terninger
- 1 ss finhakket hvitløk (6 fedd)
- 2 ss tomatpuré uten salt
- ½ kopp tørr rødvin
- 4 kopper oksebeinbuljong (se oppskrift) eller usaltet oksebuljong
- 1 laurbærblad
- 2 kopper 1-tommers gresskar i terninger
- 1 kopp aubergine i terninger
- 1 kilo sellerirot, skrelt
- Nyhakket persille

1. Forvarm ovnen til 250°F. Dryss sitronkrydder og urter jevnt over lammet. Kast forsiktig for å belegge. Varm en 6- til 8-quart nederlandsk ovn over middels høy varme.

Tilsett 1 ss olivenolje og halvparten av det krydrede lammet i den nederlandske ovnen. Brun kjøttet i varm olje på alle sider; overfør det brunede kjøttet til en tallerken og gjenta med resten av lammet og olivenolje. Reduser varmen til middels.

2. Tilsett løk, gulrøtter og kålrot i kjelen. Kok og bland grønnsakene i 4 minutter; tilsett hvitløk og tomatpuré og stek i ytterligere 1 minutt. Tilsett rødvin, kjøttbeinbuljong, laurbærblader og reservert kjøtt og eventuell oppsamlet juice i gryten. Gi blandingen et oppkok. Dekk til og sett den nederlandske ovnen i den forvarmede ovnen. Stek i 1 time. Rør inn zucchini og aubergine. Sett tilbake i ovnen og stek i ytterligere 30 minutter.

3. Mens lapskausen er i ovnen, bruk en mandolin til å skjære selleriroten veldig tynne. Skjær sellerirotskivene i ½ tomme brede strimler. (Du bør ha ca 4 kopper.) Rør sellerirotstrimlene inn i lapskausen. Kok i ca 10 minutter eller til de er møre. Ta ut og kast laurbærbladet før du serverer lapskausen. Dryss hver porsjon med hakket persille.

FRANSKE LAMMEKOTELETTER MED GRANATEPLE OG DADDELCHUTNEY

OPPLÆRING:10 minutter koking: 18 minutter kald: 10 minutter gjør: 4 porsjoner

BEGREPET "FRANSK" REFERERER TIL EN RIBBEHVORFRA FETT, KJØTT OG BINDEVEV ER FJERNET MED EN SKARP KNIV. LAG EN ATTRAKTIV PRESENTASJON. BE SLAKTEREN DIN OM Å GJØRE DET, ELLER DU KAN GJØRE DET SELV.

CHUTNEY
- ½ kopp usøtet granateplejuice
- 1 ss fersk sitronsaft
- 1 sjalottløk, skrelt og kuttet i tynne runder
- 1 ts finhakket appelsinskall
- ⅓ kopp hakkede Medjool dadler
- ¼ teskje malt rød pepper
- ¼ kopp granateple arils*
- 1 spiseskje olivenolje
- 1 ss nyhakket italiensk persille (flatbladet).

LAMMEKOTELETTER
- 2 ss olivenolje
- 8 lammekoteletter

1. Til chutneyen, i en liten panne, kombinerer du granateplejuice, sitronsaft og skall. Kok opp; redusere varmen. Kok uten lokk i 2 minutter. Tilsett appelsinskall, dadler og kvernet rød pepper. La det sitte til det er avkjølt, ca 10 minutter. Bland

granateplefrøene, 1 ss olivenolje og persillen. La stå i romtemperatur til servering.

2. Til kotelettene, varm 2 ss olivenolje i en stor stekepanne på middels varme. Arbeid i grupper, tilsett koteletter i pannen og stek i 6 til 8 minutter for medium rare (145 °F), snu en gang. Dekk kotelettene med chutneyen.

*Merk: Ferske granatepler og deres arier, eller frø, er tilgjengelig fra oktober til februar. Hvis du ikke finner dem, bruk usøtede tørre frø for å gi crunch til chutneyen.

CHIMICHURRI LAMMEKOTELETTER MED SAUTERT RADICCHIO-SALAT

OPPLÆRING:30 minutter marinering: 20 minutter koking: 20 minutter gir: 4 porsjoner

I ARGENTINA ER CHIMICHURRI DET MEST POPULÆRE KRYDDERETSOM LEDSAGER LANDETS BERØMTE GRILLBIFF I GAUCHO-STIL. DET ER MANGE VARIASJONER, MEN DEN TYKKE URTESAUSEN ER VANLIGVIS BYGGET RUNDT PERSILLE, KORIANDER ELLER OREGANO, SJALOTTLØK OG/ELLER HVITLØK, KNUST RØD PEPPER, OLIVENOLJE OG RØDVINSEDDIK. DEN ER KJEMPEGOD PÅ GRILLET BIFF, MEN LIKE GENIAL PÅ STEKT ELLER PANNESTEKTE LAMMEKOTELETTER, KYLLING OG SVIN.

8 lammekoteletter, kuttet 1 tomme tykt

½ kopp Chimichurri-saus (se<u>oppskrift</u>)

2 ss olivenolje

1 søt løk, halvert og skåret i skiver

1 ts spisskummen frø, knust*

1 fedd hvitløk, finhakket

1 hode radicchio, kjernekledd og kuttet i tynne bånd

1 ss balsamicoeddik

1. Legg lammekoteletter i en veldig stor bolle. Drypp med 2 ss Chimichurri-saus. Bruk fingrene og gni sausen over hele overflaten av hver kotelett. La kotelettene marinere i romtemperatur i 20 minutter.

2. I mellomtiden, for den sauterte radicchio-salaten, varm 1 ss olivenolje i en veldig stor panne. Tilsett løk,

spisskummen og hvitløk; stek 6 til 7 minutter eller til løken mykner, rør ofte. Legg til radicchio; kok 1 til 2 minutter eller til radicchio visner litt. Overfør salaten til en stor bolle. Tilsett balsamicoeddik og rør godt for å kombinere. Dekk til og hold varmt.

3. Tørk av pannen. Tilsett de resterende 1 ss olivenolje i pannen og varm opp over middels høy varme. Tilsett lammekoteletter; reduser varmen til middels. Kok i 9 til 11 minutter eller til ønsket ferdighet, snu koteletter av og til med en tang.

4. Server koteletter med meitemark og resterende Chimichurri-saus.

*Merk: For å knuse spisskummen, bruk en morter og stamper – eller legg frøene på et skjærebrett og knus dem med en kokkekniv.

ANCHO OG SALVIE GNIDDE LAMMEKOTELETTER MED SØTPOTET OG GULROTREMULADE

OPPLÆRING:12 minutter kald: 1 til 2 timer grill: 6 minutter
gjør: 4 porsjoner

DET FINNES TRE TYPER LAMMEKOTELETTER.TYKKE, KJØTTFULLE KOTELETTER SER UT SOM SMÅ BIFFER. RIBBEKOTELETTER - KALT HER - LAGES VED Å SKJÆRE MELLOM BEINENE PÅ EN LAMMEHYLLE. DE ER VELDIG ØMME OG HAR ET LANGT OG ATTRAKTIVT BEIN PÅ SIDEN. DE SERVERES OFTE I PANNE ELLER GRILLES. BUDSJETTVENNLIGE SKULDERKOTELETTER ER LITT FETERE OG MINDRE MØRE ENN DE TO ANDRE TYPENE. DE BRUNES BEST OG DERETTER KOKES I VIN, KRAFT OG TOMATER – ELLER EN KOMBINASJON AV DISSE.

3 mellomstore gulrøtter, grovhakket

2 små søtpoteter, finhakket* eller grovhakket

½ kopp Paleo Mayo (se oppskrift)

2 ss fersk sitronsaft

2 ts Dijon-stil sennep (se oppskrift)

2 ss hakket fersk persille

½ ts sort pepper

8 lammekoteletter, kuttet ½ til ¾ tomme tykke

2 ss fersk hakket salvie eller 2 ts tørr, knust salvie

2 ts malt anchopepper

½ ts hvitløkspulver

1. For remulade, i en middels bolle kombinere gulrøtter og søtpoteter. I en liten bolle, visp sammen Paleo Mayo,

sitronsaft, Dijon-stil sennep, persille og sort pepper. Hell over gulrøtter og søtpoteter; kaste for å dekke. Dekk til og avkjøl i 1 til 2 timer.

2. I mellomtiden, i en liten bolle, kombinerer salvie, ancho chile og hvitløkspulver. Gni krydderblandingen over lammekoteletter.

3. For en kull- eller gassgrill legger du lammekoteletter på en direkte grill over middels varme. Dekk til og grill i 6 til 8 minutter for medium-rare (145 °F) eller 10 til 12 minutter for medium (150 °F), snu en gang halvveis gjennom grillingen.

4. Server lammekoteletter med remulade.

*Merk: Bruk en mandolin med juliennefeste til å skjære søtpotetene i skiver.

LAMMEKOTELETTER MED SJALOTTLØK, MYNTE OG OREGANO

OPPLÆRING:20 minutter Mariner: 1 til 24 timer Stek: 40 minutter Grill: 12 minutter Gir: 4 porsjoner

SOM MED DE FLESTE MARINERTE KJØTT, JO LENGER DU LAR LAMMEKOTELETTERNE GNIDES FØR DU KOKER DEM, JO MER SMAKFULLE BLIR DE. DET ER ET UNNTAK FRA DENNE REGELEN NÅR DU BRUKER EN MARINADE SOM INNEHOLDER SVÆRT SURE INGREDIENSER SOM SITRUSJUICE, EDDIK OG VIN. HVIS DU LAR KJØTTET LIGGE FOR LENGE I EN SYRLIG MARINADE, BEGYNNER DET Å BRYTES NED OG BLI GRØTAKTIG.

LAM
- 2 ss finhakket sjalottløk
- 2 ss finhakket fersk mynte
- 2 ss finhakket fersk oregano
- 5 teskjeer med middelhavskrydder (se oppskrift)
- 4 ts olivenolje
- 2 fedd hvitløk, hakket
- 8 lammekoteletter, kuttet ca 1 tomme tykt

SALAT
- ¾ kilo rødbeter, kuttet
- 1 spiseskje olivenolje
- ¼ kopp fersk sitronsaft
- ¼ kopp olivenolje
- 1 ss finhakket sjalottløk
- 1 ts Dijon-stil sennep (se oppskrift)
- 6 kopper blandet grønt

4 ts hakket gressløk

1. For lammet, i en liten bolle kombinerer du 2 ss escapa, mynte, oregano, 4 ts middelhavskrydder og 4 ts olivenolje. Dryss rub over alle sider av lammekoteletter; gni med fingrene. Legg kotelettene på en tallerken; dekk til med plastfolie og sett i kjøleskap i minst 1 time eller opptil 24 timer for å marinere.

2. For salaten, forvarm ovnen til 400°F. Vask rødbetene godt; kuttet i skiver. Legg i en 2-liters ildfast form. Drypp med 1 ss olivenolje. Dekk bollen med folie. Stek i ca 40 minutter eller til rødbetene er møre. Avkjøl helt. (Beeter kan stekes opptil 2 dager i forveien.)

3. Kombiner sitronsaft, ¼ kopp olivenolje, 1 ss sjalottløk, sennep i Dijon-stil og resterende 1 ts middelhavskrydder i en krukke. Dekk til og rist godt. Kombiner rødbeter og greener i en salatskål; bland med litt vinaigrette.

4. For en kull- eller gassgrill legger du kotelettene på den smurte grillen rett over middels varme. Dekk til og grill til ønsket ferdighet, snu en gang halvveis i stekingen. Tillat 12 til 14 minutter for medium sjeldne (145 °F) eller 15 til 17 minutter for medium (160 °F).

5. Til servering legger du 2 lammekoteletter og litt av salaten på hver av fire serveringsfat. Dryss over gressløk. Pass på den resterende vinaigretten.

HAGEFYLTE LAMMEBURGERE MED RØD PEPPERCOULIS

OPPLÆRING:20 minutter stå: 15 minutter grill: 27 minutter
gjør: 4 porsjoner

EN COULIS ER IKKE NOE MER ENN EN ENKEL, JEVN SAUSLAGET AV FRUKT- ELLER GRØNNSAKSPURE. DEN VAKRE KNALLRØDE PEPPERSAUSEN TIL DISSE LAMMEBURGERNE FÅR EN DOBBEL DOSE RØYK – FRA GRILLEN OG EN SHOT RØKT PAPRIKA.

RØD PEPPERCOULIS
 1 stor søt rød paprika
 1 ss tørr hvitvin eller hvitvinseddik
 1 ts olivenolje
 ½ ts røkt paprika

BURGER
 ¼ kopp soltørkede tomater i terninger
 ¼ kopp strimlet zucchini
 1 ss frisk hakket basilikum
 2 ts olivenolje
 ½ ts sort pepper
 1½ kg malt lam
 1 eggehvite, lett pisket
 1 ss middelhavskrydder (se oppskrift)

1. For rød peppercoulis legger du den røde paprikaen direkte på grillen på middels varme. Dekk til og grill i 15 til 20 minutter eller til de er forkullet og veldig møre, og snu paprika hvert 5. minutt for å forkulle på hver side. Fjern fra grillen og legg umiddelbart i en papirpose

eller folie for å omslutte paprikaen helt. La stå i 15 minutter eller til den er kjølig nok til å håndtere. Bruk en skarp kniv, skrell forsiktig av huden og kast. Skjær paprikaen på langs og fjern stilkene, frøene og hinnene. Kombiner stekt pepper, vin, olivenolje og røkt paprika i en foodprosessor. Dekk til og bearbeid eller bland til den er jevn.

2. I mellomtiden, til fyllet, legg de soltørkede tomatene i en liten bolle og dekk med kokende vann. La det stå i 5 minutter; lekkasje Tørk de hakkede tomatene og zucchinien med tørkepapir. I en liten bolle, sleng tomater, zucchini, basilikum, olivenolje og ¼ teskje svart pepper; sette til side.

3. I en stor bolle kombinerer du malt lam, eggehvite, ¼ ts gjenværende sort pepper og middelhavskrydder; Rør godt om. Del kjøttblandingen i åtte like store porsjoner og form hver til en ¼-tommers tykk patty. Hell fyllet på fire av kjøttbollene; topp med resterende kjøttboller og klyp kantene for å forsegle fyllet.

4. Legg kjøttbollene direkte på grillen på middels varme. Dekk til og stek i 12 til 14 minutter eller til den er ferdig (160 °F), snu en gang halvveis gjennom tilberedningen.

5. Til servering, topp burgere med rød peppercoulis.

DOBLE OREGANO LAMMESPYD MED TZATZIKISAUS

GJENNOMVÅT:30 minutter tilberedning: 20 minutter avkjøling: 30 minutter grilling: 8 minutter gjør: 4 porsjoner

DISSE LAMMEKOTELETTER ER ESSENSENDET SOM ER KJENT SOM KOFTA I MIDDELHAVET OG MIDTØSTEN – KRYDRET KJØTTDEIG (VANLIGVIS LAM ELLER STORFEKJØTT) FORMES TIL KULER ELLER RUNDT ET SPYD OG DERETTER GRILLES. FRISK OG TØRKET OREGANO GIR DEM EN FLOTT GRESK SMAK.

8 10-tommers trespyd

BROKKOLI AV LAM
1½ kilo magert malt lammekjøtt
1 liten løk, hakket og presset tørr
1 ss nyhakket oregano
2 ts tørket oregano, knust
1 ts sort pepper

TZATZIKI SAUS
1 kopp Paleo Mayo (se oppskrift)
½ av en stor agurk, uten frø og hakket og presset tørr
2 ss fersk sitronsaft
1 fedd hvitløk, finhakket

1. Bløtlegg spydene i nok vann til å dekke i 30 minutter.

2. For lam brochettes, i en stor bolle kombinere malt lam, løk, fersk og tørket oregano, og pepper; Rør godt om. Del lammeblandingen i åtte like deler. Form hver del

rundt den ene halvdelen av spyddet, og lag en 5×1-tommers stokk. Dekk til og avkjøl i minst 30 minutter.

3. I mellomtiden, for Tzatziki-sausen, kombinerer du Paleo Mayo, agurk, sitronsaft og hvitløk i en liten bolle. Dekk til og avkjøl til servering.

4. For en kull- eller gassgrill legger du lammekoteletter direkte på grillen på middels varme. Dekk til og grill i omtrent 8 minutter i middels (160°F), snu en gang halvveis gjennom tilberedningen.

5. Server lammekoteletter med tzatzikisaus.

STEKT KYLLING MED SAFRAN OG SITRON

OPPLÆRING:15 minutter kald: 8 timer biff: 1 time 15 minutter stå: 10 minutter gjør: 4 porsjoner

SAFRAN ER DE TØRKEDE STØVBÆRERNEAV EN TYPE KROKUSBLOMST. DET ER DYRT, MEN LITT GÅR LANGT. DEN TILFØRER SIN JORDAKTIGE, KARAKTERISTISKE SMAK OG NYDELIGE GULE NYANSE TIL DENNE SPRØSTEKTE KYLLINGEN.

1 hel kylling på 4 til 5 pund
3 ss olivenolje
6 fedd hvitløk, knust og skrellet
1½ ts finrevet sitronskall
1 ss fersk timian
1½ ts knust svart pepper
½ ts safran tråder
2 laurbærblader
1 sitron, delt i kvarte

1. Fjern halsen og innmaten fra kyllingen; kaste eller lagre til annen bruk. Skyll kyllingkroppens hulrom; tørk med papirhåndklær. Trim overflødig hud eller fett fra kyllingen.

2. Kombiner olivenolje, hvitløk, sitronskall, timian, pepper og safran i en foodprosessor. Bearbeid for å danne en jevn pasta.

3. Bruk fingrene og gni pastaen på utsiden av kyllingen og innerhulen. Overfør kylling til en stor bolle; dekk til og avkjøl i minst 8 timer eller over natten.

4. Forvarm ovnen til 425°F. Legg sitronkvartene og laurbærbladene i kyllinghulen. Knyt bena sammen med 100 % kjøkkengarn i bomull. Legg vinger under kyllingen. Sett inn et steketermometer i den indre lårmuskelen uten å berøre benet. Legg kyllingen på en grill i en stor panne.

5. Stek i 15 minutter. Reduser ovnstemperaturen til 375 °F. Stek ca 1 time lenger eller til saften blir klar og termometeret registrerer 175 °F. Kylling i telt med folie. La stå i 10 minutter før du skjærer i skiver.

SPATCHCOCKED KYLLING MED JICAMA SLAW

OPPLÆRING:40 minutter grill: 1 time 5 minutter stå: 10 minutter gjør: 4 porsjoner

"SPATCHCOCK" ER ET GAMMELT KOKEBEGREPSOM NYLIG HAR KOMMET I BRUK IGJEN FOR Å BESKRIVE PROSESSEN MED Å DELE EN LITEN FUGL, FOR EKSEMPEL EN KYLLING ELLER EN KORNISK HØNE, OVER RYGGEN, FOR SÅ Å ÅPNE DEN OG FLATE DEN UT SOM EN BOK FOR Å HJELPE DEN TIL Å LAGE RASKERE OG MER JEVN. DEN LIGNER PÅ SOMMERFUGLEN, MEN REFERERER BARE TIL FJÆRFE.

KYLLING
1 poblano chile
1 ss finhakket sjalottløk
3 fedd hvitløk, hakket
1 ts finhakket sitronskall
1 ts finrevet sitronskall
1 ts røkt krydder (se oppskrift)
½ ts tørket oregano, knust
½ ts malt spisskummen
1 spiseskje olivenolje
1 hel kylling på 3 til 3½ pund

SLAW
½ middels jicama, skrellet og skåret i julien (ca. 3 kopper)
½ kopp te i tynne skiver (4)
1 Granny Smith eple, skrelt, kjernet ut og skåret i julien
⅓ kopp frisk hakket koriander
3 ss fersk appelsinjuice

3 ss olivenolje

1 ts sitron- og urtekrydder (se oppskrift)

1. For en kullgrill, ordne middels varme kull på den ene siden av grillen. Plasser en drypppanne under den tomme siden av grillen. Legg poblanoen på grillen rett over middels kull. Dekk til og grill i 15 minutter eller til poblano er forkullet på alle sider, snu av og til. Pakk poblano umiddelbart inn i folie; la det sitte i 10 minutter. Åpne folien og del poblanoen i to på langs; fjern stilkene og frøene (se Tips). Bruk en skarp kniv, fjern huden forsiktig og kast. Finhakk poblanoen. (For en gassgrill, forvarm grillen; reduser varmen til middels. Juster for indirekte matlaging. Grill som ovenfor over brenneren som er på.)

2. For rub, i en liten bolle kombinere poblano, sjalottløk, hvitløk, sitronskall, sitronskall, røykfylt krydder, oregano og spisskummen. Rør inn oljen; bland godt for å lage en pasta.

3. For å fjerne kyllingen, fjern halsen og innmaten fra kyllingen (med mindre for annen bruk). Legg kyllingen med brystsiden ned på et skjærebrett. Bruk kjøkkensaks til å klippe langs den ene siden av ryggraden, med start ved halsenden. Gjenta lengdesnittet på motsatt side av ryggraden. Fjern og kast ryggraden. Snu kyllingen med skinnsiden opp. Press mellom brystene for å bryte opp brystet slik at kyllingen ligger flatt.

4. Start ved halsen på den ene siden av brystet, skyv fingrene mellom huden og kjøttet, løsne huden mens du

jobber deg mot låret. Slipp huden rundt låret. Gjenta på den andre siden. Bruk fingrene til å fordele massen over kjøttet under skinnet på kyllingen.

5. Legg kyllingen med brystsiden ned på grillen over pannen. Vei ned med to foliebelagte klosser eller en stor støpejernsgryte. Dekk til og grill i 30 minutter. Legg kyllingen tilbake på grillen med bensiden ned og vei ned igjen med murstein eller pannen. Stek, tildekket, i omtrent 30 minutter til eller til kyllingen ikke lenger er rosa (175°F i lårmuskel). Fjern kyllingen fra grillen; la det sitte i 10 minutter. (For en gassgrill, legg kyllingen på grillen vekk fra varme. Grill som ovenfor.)

6. I mellomtiden, for salaten, kombinere jicama, grønn te, eple og koriander i en stor bolle. I en liten bolle blander du sammen appelsinjuice, olje og sitronkrydder og urter. Hell over jicama-blandingen og vend til belegg. Server kyllingen med gaupe.

STEKT KYLLINGBAKPART MED VODKA, GULRØTTER OG TOMATSAUS

OPPLÆRING:15 minutter steking: 15 minutter steking: 30 minutter gir: 4 porsjoner

VODKA KAN LAGES AV MANGE TINGULIKE MATVARER, INKLUDERT POTETER, MAIS, RUG, HVETE OG BYGG – TIL OG MED DRUER. SELV OM DET IKKE ER MYE VODKA I DENNE SAUSEN NÅR DU DELER DEN I FIRE PORSJONER, SE ETTER VODKA LAGET AV ENTEN POTETER ELLER DRUER FOR Å VÆRE PALEO-KOMPATIBEL.

3 ss olivenolje

4 utbenede kyllingbakparter eller kyllingbiter, flådd

1 28-unse boks røde plommer uten tilsatt salt, drenert

½ kopp finhakket løk

½ kopp finhakket gulrot

3 fedd hvitløk, hakket

1 ts middelhavskrydder (se oppskrift)

⅛ teskje kajennepepper

1 kvist fersk rosmarin

2 skjeer vodka

1 ss frisk hakket basilikum (valgfritt)

1. Forvarm ovnen til 375°F. Varm 2 ss olje over middels høy varme i en veldig stor panne. Legg til kylling; kok i ca. 12 minutter eller til den er jevn. Sett pannen i den forvarmede ovnen. Stek uten lokk i 20 minutter.

2. I mellomtiden, til sausen, bruk kjøkkensaks til å kutte tomatene. I en middels kjele, varm opp den resterende

1 ss olje over middels varme. Tilsett løk, gulrot og hvitløk; kok 3 minutter eller til de er møre, rør ofte. Rør inn tomater i terninger, middelhavskrydder, kajennepepper og rosmarinkvist. Kok opp over middels høy varme; redusere varmen. La småkoke uten lokk i 10 minutter, rør av og til. Rør inn vodkaen; kok 1 minutt til; fjern og kast rosmarinkvisten.

3. Hell sausen over kyllingen i pannen. Sett pannen tilbake i ovnen. Stek, tildekket, ca. 10 minutter til eller til kyllingen er mør og ikke lenger rosa (175°F). Om ønskelig, dryss med basilikum.

POULET RÔTI OG RUTABAGA FRITES

OPPLÆRING:40 minutter baking: 40 minutter gjør: 4 porsjoner

SPRØ RUTABAGA-KORT ER DEILIGSERVERT MED STEKT KYLLING OG RELATERT MATLAGINGSJUICE – MEN DE ER LIKE VELSMAKENDE LAGET ALENE OG SERVERT MED PALEOKETCHUP (SE<u>OPPSKRIFT</u>) ELLER SERVERT I BELGISK STIL MED PALEO AÏOLI (HVITLØKSMAYO, SE<u>OPPSKRIFT</u>).

6 ss olivenolje

1 ss middelhavskrydder (se<u>oppskrift</u>)

4 utbenede, skinnløse kyllinglår (omtrent 1 ¼ pund totalt)

4 kyllinglår, flådd (ca. 1 kg totalt)

1 kopp tørr hvitvin

1 kopp kyllingbeinbuljong (se<u>oppskrift</u>) eller usaltet kyllingkraft

1 liten løk, delt i kvarte

Oliven olje

1½ til 2 pund rutabagas

2 ss nyhakket gressløk

Svart pepper

1. Forvarm ovnen til 400°F. Kombiner 1 ss olivenolje og middelhavskrydder i en liten bolle; gni kyllingbitene. Varm 2 ss olje i en veldig stor ildfast stekepanne. Tilsett kyllingbitene med kjøttsiden ned. Kok uten lokk i ca 5 minutter eller til de er brune. Fjern kjelen fra varmen. Snu kyllingbitene med den brunede siden opp. Tilsett vin, kyllingbeinbuljong og løk.

2. Sett pannen i ovnen på midterste rille. Stek uten lokk i 10 minutter.

3. I mellomtiden, for kakene, smør lett et stort stekebrett med olivenolje; sette til side. Skrell rutabagasene. Bruk en skarp kniv, skjær rutabagaen i ½-tommers skiver. Skjær skivene på langs i ½ tomme strimler. I en stor bolle, sleng rutabaga-strimlene med de resterende 3 ss olje. Spre rutabaga-strimler i et enkelt lag på tilberedt bakeplate; sett i ovnen på øverste rille. Stek i 15 minutter; snu pommes frites. Stek kyllingen i 10 minutter til eller til den ikke lenger er rosa (175°F). Ta kyllingen ut av ovnen. Stek fritterne i 5 til 10 minutter eller til de er gyldenbrune og møre.

4. Fjern kyllingen og løken fra pannen, ta vare på saften. Dekk til kyllingen og løken for å holde seg varm. Kok opp juice på middels varme; redusere varmen. La småkoke uten lokk i ca 5 minutter til eller til saften har redusert litt.

5. Til servering legger du stekte poteter med gressløk og smaker til med pepper. Server kylling med matlagingsjuice og pommes frites.

COQ AU VIN MED TRE SOPP MED GRESSLØKPURÉ RUTABAGAS

OPPLÆRING:15 minutter koketid: 1 time 15 minutter gir: 4 til 6 porsjoner

HVIS DET ER SAND I BOLLENETTER Å HA BLØTLAGT DEN TØRKEDE SOPPEN – OG DET VIL DET SANNSYNLIGVIS VÆRE – SIL VÆSKEN GJENNOM EN DOBBEL TYKK KLUT PLASSERT I EN FINMASKET SIL.

- 1 unse tørket porcini eller morellsopp
- 1 kopp kokende vann
- 2 til 2½ pund kyllinglår og trommestikker, skinn på
- Svart pepper
- 2 ss olivenolje
- 2 mellomstore purre, halvert på langs, skylt og i tynne skiver
- 2 portobellosopp, i skiver
- 8 unser fersk østerssopp, stilket og oppskåret, eller oppskåret fersk knappsopp
- ¼ kopp tomatpuré uten tilsatt salt
- 1 ts tørket, knust merian
- ½ ts tørket timian, knust
- ½ kopp tørr rødvin
- 6 kopper kyllingbeinbuljong (se oppskrift) eller usaltet kyllingkraft
- 2 laurbærblader
- 2 til 2½ pund rutabagas, skrellet og hakket
- 2 ss nyhakket gressløk
- ½ ts sort pepper
- Nyhakket timian (valgfritt)

1. I en liten bolle, kombiner steinsopp og kokende vann; la det sitte i 15 minutter. Fjern soppen, behold bløtleggingsvæsken. Hakk soppen. Sett sopp og bløtleggingsvæske til side.

2. Dryss kyllingen med pepper. I en veldig stor panne med tettsittende lokk, varm 1 ss olivenolje over middels høy varme. Stek kyllingbitene, i to omganger, i varm olje i ca. 15 minutter til de er lett brune, snu en gang. Fjern kyllingen fra pannen. Rør inn purre, portobellosopp og østerssopp. Stek i 4-5 minutter eller bare til soppen begynner å bli brun, rør av og til. Bland tomatpuré, merian og timian; kok og rør i 1 minutt. Rør inn vinen; kok og rør i 1 minutt. Rør inn 3 kopper kyllingbeinbuljong, laurbærblad, ½ kopp reservert soppbløtleggingsvæske og hakket rehydrert sopp. Ha kyllingen tilbake i pannen. Kok opp; redusere varmen. Kok, dekket,

3. I mellomtiden, i en stor kjele, kombinerer du rutabaga og de resterende 3 koppene buljong. Tilsett eventuelt vann for å dekke rutabagasene. Kok opp; redusere varmen. La småkoke uten lokk i 25 til 30 minutter eller til rutabagasene er møre, rør av og til. Tøm av rutabagas, behold væsken. Ha rutabagasene tilbake i kasserollen. Tilsett de resterende 1 ss olivenolje, gressløk og ½ ts pepper. Mos rutabagablandingen med en potetmoser, og tilsett kokevæske etter behov for å oppnå ønsket konsistens.

4. Fjern laurbærblader fra kyllingblandingen; kaste Server kyllingen og sausen over de moste rutabagasene. Dryss eventuelt over frisk timian.

FERSKEN-BRANDY GLASERTE TROMMER

OPPLÆRING:30 minutter grill: 40 minutter gjør: 4 porsjoner

DISSE KYLLINGLÅRENE ER PERFEKTEMED EN SPRØ REDDIK OG DE KRYDREDE OVNSSTEKTE POTETENE FRA OPPSKRIFTEN PÅ KRYDRET TUNISISK SVINEKJØTT (SE<u>OPPSKRIFT</u>). DE ER OMTALT HER MED SPRØ GRØNNKÅLSALAT MED REDDIKER, MANGO OG MYNTE (SE<u>OPPSKRIFT</u>).

FERSKEN-BRANDY GLASUR
1 spiseskje olivenolje
½ kopp hakket løk
2 mellomstore friske ferskener, halvert, pitlet og hakket
2 ss konjakk
1 kopp BBQ-saus (se<u>oppskrift</u>)
8 kyllingtrommestikker (2 til 2½ pund totalt), flådd om ønskelig

1. For glasuren, varm olivenolje i en middels kjele på middels varme. Tilsett løk; kok ca 5 minutter eller til de er møre, rør av og til. Tilsett fersken. Dekk til og kok i 4 til 6 minutter eller til ferskenene er møre, rør av og til. Tilsett konjakk; kok uten lokk i 2 minutter, rør av og til. Den avkjøles litt. Overfør ferskenblandingen til en blender eller foodprosessor. Dekk til og bland eller bearbeid til den er jevn. Tilsett BBQ-saus. Dekk til og bland eller bearbeid til den er jevn. Ha sausen tilbake i kjelen. Kok på middels lav varme til den er gjennomvarme. Overfør ¾ kopp av sausen til en liten

bolle for å pensle over kyllingen. Hold den resterende sausen varm for å servere til den grillede kyllingen.

2. For en kullgrill, ordne middels varme kull rundt en drypppanne. Test for middels varme over drypppannen. Plasser kyllinglårene på grillen over en gryte. Dekk til og grill i 40 til 50 minutter eller til kyllingen ikke lenger er rosa (175°F), snu en gang halvveis gjennom grillingen og tråkle med ¾ kopp fersken-brandy-glasur de siste 5 til 10 minuttene av grillingen. (For en gassgrill, forvarm grillen. Reduser varmen til middels. Juster varmen for indirekte tilberedning. Tilsett kyllingtrommestikker for å grille ikke overvarme. Dekk også til grillen som anvist.)

CHILEMARINERT KYLLING MED MANGO OG MELONSALAT

OPPLÆRING:40 minutter Chill/Marine: 2 til 4 timer Grill: 50 minutter Gir: 6 til 8 porsjoner

ANCHO CHILE ER EN TØRKET POBLANO— EN BLANK, DYP GRØNN CHILI MED EN INTENS FRISK AROMA. ANCHO PEPPER HAR EN LETT FRUKTIG SMAK MED ET HINT AV PLOMME ELLER ROSIN OG BARE ET HINT AV BITTERHET. NEW MEXICO-CHILES KAN VÆRE MODERAT VARME. DE ER DE DYPRØDE CHILIENE DU SER STABLET OPP OG HENGENDE I RISTRES – FARGERIKE ARRANGEMENTER AV CHILI – I DELER AV SØRVEST.

KYLLING
- 2 tørkede New Mexico chilipepper
- 2 tørkede ancho paprika
- 1 kopp kokende vann
- 3 ss olivenolje
- 1 stor søt løk, skrelt og skåret i tykke skiver
- 4 Roma-tomater, uten frø
- 1 ss finhakket hvitløk (6 fedd)
- 2 ts malt spisskummen
- 1 ts tørket oregano, knust
- 16 kyllinglår

SALAT
- 2 kopper cantaloupe i terninger
- 2 kopper honningterninger
- 2 kopper mango i terninger
- ¼ kopp fersk sitronsaft

1 ts chilipulver

½ ts malt spisskummen

¼ kopp frisk hakket koriander

1. For kyllingen, fjern stilkene og frøene fra den tørkede New Mexico og anchochilen. Varm en stor stekepanne over middels varme. Stek chiliene i pannen i 1 til 2 minutter eller til dufter og lett ristet. Plasser stekt chilipepper i en liten bolle; tilsett kokende vann i bollen. La stå i minst 10 minutter eller til den skal brukes.

2. Forvarm slaktekylling. Kle et stekebrett med folie; fordel 1 ss olivenolje over folien. Legg løkskivene og tomatene på pannen. Stek på ca 4 tommer varme i 6 til 8 minutter eller til de er møre og forkullet. Tøm paprikaene, behold vannet.

3. For marinaden, bland chilipepper, løk, tomater, hvitløk, spisskummen og oregano i en blender eller foodprosessor. Dekk til og bland eller bearbeid til den er jevn, tilsett reservert vann etter behov for å purere og oppnå ønsket konsistens.

4. Legg kyllingen i en stor gjenlukkbar plastpose i et grunt fat. Hell marinaden over kyllingen i posen, snu posen slik at den dekker jevnt. Mariner i kjøleskapet i 2 til 4 timer, snu posen av og til.

5. For salaten, i en veldig stor bolle, kombinere cantaloupe, honningdugg, mango, sitronsaft, resterende 2 ss olivenolje, chilipulver, spisskummen og koriander. Kast for å dekke. Dekk til og avkjøl i 1 til 4 timer.

6. For en kullgrill, ordne middels varme kull rundt en drypppanne. Test over middels varme over pannen. Tøm kyllingen, behold marinaden. Legg kyllingen på rist over drypppannen. Pensle kyllingen sjenerøst med litt av den reserverte marinaden (kast eventuell ekstra marinade). Dekk til og grill i 50 minutter eller til kyllingen ikke lenger er rosa (175 °F), snu en gang halvveis. (For en gassgrill, forvarm grillen. Reduser varmen til middels. Juster for indirekte tilberedning. Fortsett som anvist, legg kyllingen på brenneren som er slått av.) Server kyllinglår med salat.

TANDOORI STIL KYLLINGLÅR MED AGURK RAITA

OPPLÆRING: 20 minutter Mariner: 2 til 24 timer Grill: 25 minutter Gir: 4 porsjoner

RAITA ER LAGET MED CASHEWRØMME, SITRONSAFT, MYNTE, KORIANDER OG AGURK. DET GIR ET FORFRISKENDE MOTPUNKT TIL DEN VARME OG KRYDREDE KYLLINGEN.

KYLLING
- 1 løk, i tynne skiver
- 1 2-tommers stykke fersk ingefær, skrelt og delt i kvarte
- 4 fedd hvitløk
- 3 ss olivenolje
- 2 ss fersk sitronsaft
- 1 ts malt spisskummen
- 1 ts malt gurkemeie
- ½ ts malt allehånde
- ½ ts malt kanel
- ½ ts sort pepper
- ¼ teskje kajennepepper
- 8 kyllinglår

AGURK RAITA
- 1 kopp cashewkrem (se oppskrift)
- 1 ss fersk sitronsaft
- 1 ss hakket fersk mynte
- 1 ss frisk hakket koriander
- ½ ts malt spisskummen
- ⅛ teskje svart pepper
- 1 middels agurk, skrellet, frøet og kuttet (1 kopp)

Sitronhjul

1. Kombiner løk, ingefær, hvitløk, olivenolje, sitronsaft, spisskummen, gurkemeie, allehånde, kanel, sort pepper og cayennepepper i en blender eller foodprosessor. Dekk til og bland eller bearbeid til den er jevn.

2. Stikk hull i hver trommel fire eller fem ganger med tuppen av en skrellekniv. Legg trommestikker i en stor gjenlukkbar plastpose i en stor bolle. Tilsett løkblanding; gå tilbake til frakken. Mariner i kjøleskapet i 2 til 24 timer, snu posen av og til.

3. Forvarm slaktekylling. Fjern kyllingen fra marinaden. Bruk papirhåndklær og tørk av overflødig marinade fra trommestikkene. Plasser pinnene på risten i en uoppvarmet broilerpanne eller på en bakeplate dekket med folie. Stek 6 til 8 tommer fra varmekilden i 15 minutter. Snu trommene; stek ca. 10 minutter eller til kyllingen ikke lenger er rosa (175°F).

4. For raita, kombinere cashewkrem, sitronsaft, mynte, koriander, spisskummen og sort pepper i en middels bolle. Rør forsiktig inn agurkene.

5. Server kyllingen med raita- og sitronskivene.

KYLLINGGRYTE MED KARRI MED ROT, ASPARGES OG GRØNT EPLE- OG MYNTESMAK

OPPLÆRING:30 minutter matlaging: 35 minutter stå: 5 minutter gjør: 4 porsjoner

2 ss raffinert kokosolje eller olivenolje
2 kg utbenet kyllingbryst, flået om ønskelig
1 kopp hakket løk
2 ss nyrevet ingefær
2 ss finhakket hvitløk
2 ss karri uten salt
2 ss hakket jalapeño, uten frø (se Tips)
4 kopper kyllingbeinbuljong (se oppskrift) eller usaltet kyllingkraft
2 mellomstore søtpoteter (ca. 1 kg), skrelles og hakkes
2 mellomstore kålrot (ca. 6 gram), skrellet og hakket
1 kopp tomater med frø, i terninger
8 gram asparges, trimmet og kuttet i 1-tommers lengder
1 13,5-unse boks med naturlig kokosmelk (som Nature's Way)
½ kopp hakket fersk koriander
Smak av epler og mynte (se oppskrift, Nedre)
limeskiver

1. I en 6-quart nederlandsk ovn, varm olje over middels høy varme. Brun kyllingen i porsjoner i varm olje, vend jevnt, ca. 10 minutter. Overfør kylling til en tallerken; sette til side.

2. Skru varmen til middels. Tilsett løk, ingefær, hvitløk, karripulver og jalapeño i kjelen. Kok og rør i 5 minutter

eller til løken mykner. Rør inn kyllingbeinbuljongen, søtpoteter, neper og tomater. Legg kyllingbitene tilbake i gryten, og sørg for å senke kyllingen i så mye væske som mulig. Reduser varmen til middels lav. Dekk til og la det småkoke i 30 minutter eller til kyllingen ikke lenger er rosa og grønnsakene er møre. Rør inn asparges, kokosmelk og koriander. Fjern fra varme. La det stå i 5 minutter. Skjær eventuelt kyllingen fra beina for å dele jevnt mellom serveringsbollene. Server med Apple-Mint Relish og limebåter.

Smak av eplemynte: Bland ½ kopp usøte kokosflak i en foodprosessor til et pulver. Tilsett 1 kopp friske korianderblader og damp; 1 kopp friske mynteblader; 1 Granny Smith eple, kjernehuset og hakket; 2 ts hakkede jalapeños, uten frø (se_Tips_); og 1 ss fersk sitronsaft. Puls til det er finhakket.

GRILLET KYLLING PAILLARD SALAT MED BRINGEBÆR, RØDBETER OG RISTEDE MANDLER

OPPLÆRING:30 minutter biff: 45 minutter mariner: 15 minutter grill: 8 minutter gjør: 4 porsjoner

½ kopp hele mandler
1½ ts olivenolje
1 middels rødbet
1 middels gullbete
2 6- til 8-unse benfrie, skinnfrie kyllingbrysthalvdeler
2 kopper friske eller frosne bringebær, tint
3 ss hvit- eller rødvinseddik
2 ss nyhakket estragon
1 ss hakket sjalottløk
1 ts Dijon-stil sennep (se oppskrift)
¼ kopp olivenolje
Svart pepper
8 kopper vårblandingssalat

1. For mandlene, forvarm ovnen til 400°F. Fordel mandlene på et lite bakepapir og bland med ½ ts olivenolje. Stek i ca 5 minutter eller til dufter og er gylden. La det avkjøles. (Mandel kan stekes 2 dager i forveien og oppbevares i en lufttett beholder.)

2. For rødbetene, legg hver rødbete på et lite stykke folie og drypp hver med ½ ts olivenolje. Pakk folien forsiktig rundt rødbeten og legg den på en bakeplate eller i et stekebrett. Stek rødbetene i en ovn ved 400°F i 40 til 50 minutter eller til de er møre når de er gjennomhullet med en kniv. Ta ut av ovnen og la stå til den er avkjølt

nok til å håndtere. Fjern skinnet med en snittkniv. Skjær rødbeten i skiver og sett til side. (Unngå å blande rødbetene sammen for å unngå at rødbetene setter flekker på de gylne rødbetene. Rødbetene kan stekes 1 dag frem og avkjøles. Ta romtemperatur før servering.)

3. For kyllingen, kutt hvert kyllingbryst i to horisontalt. Legg hvert kyllingstykke mellom to stykker plastfolie. Bruk en kjøtthammer og bank forsiktig til den er omtrent ¾ tomme tykk. Legg kyllingen i en grunn form og sett til side.

4. For vinaigretten, knus ¾ kopp bringebær forsiktig i en stor bolle med en visp (behold de resterende bringebærene til salaten). Tilsett eddik, estragon, sjalottløk og sennep i Dijon-stil; visp for å blande. Tilsett ¼ kopp olivenolje i en tynn stråle, rør for å blande godt. Hell ½ kopp vinaigrette over kyllingen; vend kyllingen til å dekke (behold den resterende vinaigretten til salaten). Mariner kyllingen i romtemperatur i 15 minutter. Fjern kyllingen fra marinaden og dryss med pepper; kast den resterende marinaden i bollen.

5. For en kull- eller gassgrill legger du kyllingen på en direkte grill over middels varme. Dekk til og grill i 8 til 10 minutter eller til kyllingen ikke lenger er rosa, snu en gang halvveis gjennom grillingen. (Kylling kan også stekes i en grillpanne.)

6. I en stor bolle kombinerer du salaten, betegrønnsakene og de resterende 1¼ kopper bringebær. Hell den reserverte vinaigretten over salaten; kast forsiktig til belegg. Fordel salaten mellom fire serveringsfat; topp

hver med et stykke grillet kyllingbryst. Grovhakk de ristede mandlene og dryss over alt. Server umiddelbart.

KYLLINGBRYST FYLT MED BROKKOLI RABE MED FERSK TOMATSAUS OG CÆSARSALAT

OPPLÆRING:40 minutter koketid: 25 minutter gir: 6 porsjoner

- 3 ss olivenolje
- 2 ts finhakket hvitløk
- ¼ teskje malt rød pepper
- 1 pund brokkoli raab, trimmet og hakket
- ½ kopp usulfuriserte gylne rosiner
- ½ kopp vann
- 4 5- til 6 unse skinnfrie, benfrie kyllingbrysthalvdeler
- 1 kopp hakket løk
- 3 kopper hakkede tomater
- ¼ kopp hakket fersk basilikum
- 2 ts rødvinseddik
- 3 ss fersk sitronsaft
- 2 ss Paleo Mayo (se oppskrift)
- 2 ts Dijon-stil sennep (se oppskrift)
- 1 ts finhakket hvitløk
- ½ ts sort pepper
- ¼ kopp olivenolje
- 10 kopper hakket romansalat

1. Varm opp 1 ss olivenolje over middels høy varme i en stor panne. Tilsett hvitløk og knust rød pepper; kok og rør i 30 sekunder eller til dufter. Tilsett hakket brokkoli-rabe, rosiner og ½ kopp vann. Dekk til og kok i ca 8 minutter eller til brokkoliraaben er visnet og mør. Fjern lokket fra pannen; la alt overflødig vann fordampe. Sette til side.

2. For rundstykkene, kutt hvert kyllingbryst i to på langs; legg hvert stykke mellom to stykker plastfolie. Bruk den flate siden av en kjøtthammer og bank kyllingen forsiktig til den er omtrent ¼ tomme tykk. For hver rull, plasser ca. ¼ kopp brokkoli raab blanding på en av de korte endene; rull, brett inn sidene for å omslutte fyllet helt. (Ruladene kan lages opptil 1 dag i forveien og avkjøles til de skal lages.)

3. Varm opp 1 ss olivenolje over middels høy varme i en stor panne. Tilsett rullene, sømsiden ned. Stek i ca. 8 minutter eller til de er brune på alle sider, snu to eller tre ganger under tilberedningen. Overfør rundstykkene til en tallerken.

4. Til sausen, varm 1 ss av den resterende olivenoljen i en panne på middels varme. Tilsett løk; kok i ca 5 minutter eller til den er gjennomsiktig. Rør inn tomater og basilikum. Legg rundstykkene på toppen av sausen i pannen. Kok opp over middels høy varme; redusere varmen. Dekk til og stek i ca 5 minutter eller til tomatene begynner å brytes ned, men fortsatt holder formen og rullene er gjennomvarme.

5. For dressingen, i en liten bolle visp sammen sitronsaft, Paleo Mayo, Dijon-stil sennep, hvitløk og sort pepper. Ringle over ¼ kopp olivenolje, rør til det er emulgert. I en stor bolle, sleng dressingen med hakket romaine. For å servere, del romaine mellom seks serveringsfat. Skjær rullene i skiver og legg på romainen; drypp med tomatsaus.

GRILLET KYLLING SHAWARMA WRAPS MED KRYDREDE GRØNNSAKER OG PINJEKØTTERDRESSING

OPPLÆRING:20 minutter Mariner: 30 minutter Grill: 10 minutter Gjør: 8 wraps (4 porsjoner)

1½ pund skinnfritt, benfritt kyllingbryst, kuttet i 2-tommers biter

5 ss olivenolje

2 ss fersk sitronsaft

1¾ ts malt spisskummen

1 ts finhakket hvitløk

1 ts paprika

½ ts karripulver

½ ts malt kanel

¼ teskje kajennepepper

1 middels zucchini, delt i to

1 liten aubergine kuttet i ½ tommers skiver

1 stor gul paprika, halvert og frøsådd

1 middels rødløk, delt i kvarte

8 cherrytomater

8 store salatblader

Stekt pinjekjernersaus (se oppskrift)

Sitronhjul

1. For marinaden, i en liten bolle, kombinere 3 ss olivenolje, sitronsaft, 1 ts spisskummen, hvitløk, ½ ts paprika, karripulver, ¼ ts kanel og cayennepepper. Legg kyllingbitene i en stor gjenlukkbar plastpose i et grunt fat. Hell marinaden over kyllingen. Forseglet pose; snu

posen til frakken. Mariner i kjøleskapet i 30 minutter, snu posen av og til.

2. Fjern kyllingen fra marinaden; kast marinaden. Legg kyllingen på fire lange spyd.

3. Legg squash, aubergine, paprika og løk på et stekebrett. Drypp med 2 ss olivenolje. Dryss med resterende ¾ ts spisskummen, ½ ts paprika og resterende ¼ ts kanel; gni forsiktig over grønnsaker. Legg tomatene på to spyd.

3. For en kull- eller gassgrill, legg slaktekylling og kylling- og tomatgrønnsaker på en grill over middels varme. Dekk til og grill til kyllingen ikke lenger er rosa og grønnsakene er lett forkullet og sprø, snu en gang. Tillat 10 til 12 minutter for kyllingen, 8 til 10 minutter for grønnsakene og 4 minutter for tomatene.

4. Fjern kyllingen fra spydene. Riv kyllingen og skjær squash, aubergine og paprika i små biter. Fjern tomatene fra spydene (ikke skjær dem). Anrett kyllingen og grønnsakene på et fat. For å servere, skje kylling og grønnsaker på et salatblad; drypp med ristet pinjekjernedressing. Server med sitronbåter.

BAKT KYLLINGBRYST MED SOPP, HVITLØKSPURÉ OG STEKT ASPARGES

FRA BEGYNNELSE TIL SLUTT:50 minutter gjør: 4 porsjoner

- 4 10- til 12-unse bein-i kyllingbrysthalvdeler, uten skinn
- 3 kopper små hvite sopp
- 1 kopp tynne skiver purre eller gul løk
- 2 kopper kyllingbeinbuljong (se_oppskrift_) eller usaltet kyllingkraft
- 1 kopp tørr hvitvin
- 1 stor haug fersk timian
- Svart pepper
- Hvitvinseddik (valgfritt)
- 1 blomkålhode, delt i buketter
- 12 fedd hvitløk, skrelt
- 2 ss olivenolje
- Hvit pepper eller kajennepepper
- 1 kilo asparges, kuttet
- 2 ts olivenolje

1. Forvarm ovnen til 400°F. Ordne kyllingbrystene i en 3-quart rektangulær bakebolle; topp med sopp og purre. Hell kyllingbeinbuljong og vin over kylling og grønnsaker. Strø timian over det hele og strø over svart pepper. Dekk bollen med folie.

2. Stek i 35 til 40 minutter eller til et termometer med øyeblikkelig avlesning satt inn i kyllingen registrerer 170 °F. Fjern og kast timiankvistene. Krydre eventuelt stekevæsken med en skvett eddik før servering.

2. I en stor kjele koker du i mellomtiden blomkål og hvitløk i nok kokende vann til å dekke i ca. 10 minutter eller til de er veldig møre. Tøm blomkål og hvitløk, ta vare på 2 ss kokevæske. I en foodprosessor eller stor miksebolle, legg blomkål og reservert kokevæske. Bearbeid til glatt* eller mos med en potetstapper; tilsett 2 ss olivenolje og smak til med hvit pepper. Hold varm til den skal serveres.

3. Legg aspargesen i ett lag på en bakeplate. Ringle over 2 ts olivenolje og bland. Dryss over svart pepper. Stek i en 400 ° F ovn i ca 8 minutter eller til den er sprø, rør en gang.

4. Del den moste blomkålen på seks serveringsfat. Topp med kylling, sopp og purre. Drypp med litt av kokevæsken; servert med stekt asparges.

*Merk: Hvis du bruker en foodprosessor, pass på at du ikke behandler for mye, ellers vil blomkålen tynnes ut for mye.

KYLLINGSUPPE I THAILANDSK STIL

OPPLÆRING:30 minutter Frys: 20 minutter Kok: 50 minutter
Gjør: 4 til 6 porsjoner

TAMARIND ER EN MUSKY, SYRLIG FRUKTBRUKES I INDISK, THAILANDSK OG MEKSIKANSK MAT. MANGE KOMMERSIELT TILBEREDTE TAMARINDPASTAER INNEHOLDER SUKKER - SØRG FOR AT DU KJØPER EN SOM IKKE GJØR DET. KAFFIRLIMEBLADER KAN FINNES FERSKE, FROSNE OG TØRKEDE PÅ DE FLESTE ASIATISKE MARKEDER. HVIS DU IKKE FINNER DEM, BYTT UT BLADENE I DENNE OPPSKRIFTEN MED 1½ TS FINHAKKET SITRONSKALL.

- 2 stilker sitrongress, kuttet
- 2 ss uraffinert kokosolje
- ½ kopp te skåret i tynne skiver
- 3 store fedd hvitløk, kuttet i tynne skiver
- 8 kopper kyllingbeinbuljong (se oppskrift) eller usaltet kyllingkraft
- ¼ kopp sukkerfri tamarindpasta (som Tamicon-merket)
- 2 ss skyflak
- 3 ferske thailandske chilier, tynne skiver med frø intakte (se Tips)
- 3 kaffir limeblader
- 1 3-tommers stykke ingefær, i tynne skiver
- 4 6-unse skinnfrie, benfrie kyllingbrysthalvdeler
- 1 14,5-unse boks uten salt tilsatt ild Stekte tomater i terninger, udrenerte
- 6 unser tynne aspargesspyd, trimmet og tynt skåret på diagonalen i ½-tommers biter

½ kopp pakket thailandske basilikumblader (se Merk)

1. Bruk baksiden av en kniv med fast trykk, blåmerk sitrongressstilkene. Finhakk de knuste stilkene.

2. Varm kokosolje over middels varme i en nederlandsk ovn. Tilsett sitrongress og grønn te; kok i 8 til 10 minutter, rør ofte. Tilsett hvitløken; kok og rør i 2 til 3 minutter eller til dufter veldig.

3. Tilsett kyllingbeinbuljong, tamarindpasta, skyflak, chili, limeblader og ingefær. Kok opp; redusere varmen. Dekk til og la det småkoke i 40 minutter.

4. Frys i mellomtiden kyllingen i 20 til 30 minutter eller til den er stiv. Skjær kylling i tynne skiver.

5. Sil suppen gjennom en finmasket sil over i en stor kjele, trykk med baksiden av en stor skje for å trekke ut smaker. Kast de faste stoffene. Kok opp suppen. Rør inn kylling, uskrellede tomater, asparges og basilikum. Reduserer varme; småkoke uten lokk i 2 til 3 minutter eller til kyllingen er gjennomstekt. Server umiddelbart.

SITRONSALVIESTEKT KYLLING MED ENDIVES

OPPLÆRING:15 minutter stek: 55 minutter stå: 5 minutter gjør: 4 porsjoner

SITRONSKIVER OG SALVIEBLADPLASSERT UNDER SKINNET PÅ KYLLINGEN, GIR DEN SMAK TIL KJØTTET MENS DET TILBEREDES - OG GIR ET ATTRAKTIVT DESIGN UNDER DET SPRØ, UGJENNOMSIKTIGE SKINNET ETTER AT DET KOMMER UT AV OVNEN.

- 4 utbenede halvdeler av kyllingbryst (med skinn)
- 1 sitron, skåret i veldig tynne skiver
- 4 store salvieblader
- 2 ts olivenolje
- 2 ts middelhavskrydder (se oppskrift)
- ½ ts sort pepper
- 2 ss ekstra virgin olivenolje
- 2 sjalottløk, i skiver
- 2 fedd hvitløk, hakket
- 4 endiviehoder, kuttet i to på langs

1. Forvarm ovnen til 400°F. Bruk en skrellekniv, løsne huden veldig forsiktig fra hver brysthalvdel, og la den være festet til den ene siden. Legg 2 sitronskiver og 1 salvieblad på kjøttet av hvert bryst. Trekk huden forsiktig tilbake på plass og trykk forsiktig for å feste den.

2. Anrett kyllingen i en grunn panne. Pensle kylling med 2 ts olivenolje; dryss med middelhavskrydder og ¼ ts pepper. Stek uten lokk i ca 55 minutter eller til skinnet

er brunt og sprøtt og et øyeblikkelig avlest termometer satt inn i kyllingen registrerer 170 °F. La kyllingen stå i 10 minutter før servering.

3. I mellomtiden, i en stor panne, varm opp de 2 ss olivenolje over middels varme. Tilsett sjalottløk; kok i ca 2 minutter eller til den er gjennomsiktig. Dryss endivene med den resterende ¼ ts pepper. Tilsett hvitløken i pannen. Legg endivene i pannen med kuttesiden ned. Kok i ca 5 minutter eller til de er brune. Snu endivien forsiktig; kok i 2 til 3 minutter til eller til den er myk. Server med kylling.

KYLLING MED TE, BRØNNKARSE OG REDDIKER

OPPLÆRING:20 minutter steking: 8 minutter baking: 30 minutter gir: 4 porsjoner

SELV OM DET KAN HØRES RART UT Å KOKE REDDIKER,DE ER KNAPT TILBEREDT HER – AKKURAT NOK TIL Å MYKE DEN PEPPERAKTIGE BITEN OG MYKE DEM LITT.

3 ss olivenolje
4 10- til 12-unse bein-i kyllingbrysthalvdeler (med skinn)
1 ss sitron- og urtekrydder (se oppskrift)
¾ kopp te skåret i skiver
6 reddiker, i tynne skiver
¼ teskje svart pepper
½ kopp tørr hvit vermouth eller tørr hvitvin
⅓ kopp cashewkrem (se oppskrift)
1 knippe brønnkarse, stilker kuttet, grovhakket
1 ss nyhakket dill

1. Forvarm ovnen til 350°F. Varm olivenolje over middels høy varme i en stor panne. Tørk kyllingen med et papirhåndkle. Stek kyllingen med skinnsiden ned i 4 til 5 minutter eller til skinnet er gyllenbrunt og sprøtt. Snu kyllingen; kok i ca 4 minutter eller til de er brune. Legg kyllingen med skinnsiden opp i en grunne ildfast form. Dryss kyllingen med sitronkrydder og urter. Stek i ca. 30 minutter eller til et øyeblikkelig avlest termometer satt inn i kyllingen registrerer 170°F.

2. Hell i mellomtiden av alt unntatt én spiseskje av pannedryppene; sett kjelen tilbake på varmen. Tilsett te

og reddiker; kok ca 3 minutter eller bare til teen er visnet. Dryss over pepper. Tilsett vermouth, rør for å skrape opp eventuelle brunede biter. Kok opp; kok til redusert og litt tyknet. Rør inn cashewkremen; kok opp. Fjern pannen fra varmen; tilsett brønnkarse og dill, rør forsiktig til brønnkarsen visner. Tilsett eventuelt kyllingsaft som har samlet seg i bakebollen.

3. Fordel frostingblandingen mellom fire serveringsfat; topp med kylling.

KYLLING TIKKA MASALA

OPPLÆRING:30 minutter Marinering: 4 til 6 timer Matlaging: 15 minutter Baking: 8 minutter Gir: 4 porsjoner

DEN VAR INSPIRERT AV EN VELDIG POPULÆR INDISK RETTSOM KANSKJE IKKE BLE OPPRETTET I INDIA I DET HELE TATT, MEN SNARERE PÅ EN INDISK RESTAURANT I STORBRITANNIA. TRADISJONELL KYLLING TIKKA MASALA KREVER AT KYLLINGEN SKAL MARINERES I YOGHURT OG DERETTER TILBEREDES I EN KRYDRET TOMATSAUS DRYSSET MED FLØTE. UTEN MEIERIPRODUKTER SOM GJØR SMAKEN AV SAUSEN MATT, SMAKER DENNE VERSJONEN SPESIELT REN. I STEDET FOR RIS SERVERES DEN OVER SPRØ SQUASHNUDLER.

- 1½ pund skinnfrie, benfrie kyllinglår eller kyllingbrysthalvdeler
- ¾ kopp naturlig kokosmelk (som Nature's Way)
- 6 fedd hvitløk, hakket
- 1 ss nyrevet ingefær
- 1 ts malt koriander
- 1 ts paprika
- 1 ts malt spisskummen
- ¼ ts malt kardemomme
- 4 ss raffinert kokosolje
- 1 kopp hakkede gulrøtter
- 1 tynne skiver selleri
- ½ kopp hakket løk
- 2 jalapeño- eller serrano-pepper, frøet (om ønskelig) og finhakket (se Tips)

1 14,5-unse boks uten salt tilsatt ild Stekte tomater i terninger, udrenerte

1 8-unse boks uten salt-tilsatt tomatsaus

1 ts garam masala uten tilsatt salt

3 mellomstore gresskar

½ ts sort pepper

Friske korianderblader

1. Hvis du bruker kyllinglår, kutt hvert ben i tre stykker. Hvis du bruker kyllingbrysthalvdeler, kutt hver brysthalvdel i 2-tommers stykker, skjær eventuelle tykke deler i to horisontalt for å gjøre dem tynnere. Legg kyllingen i en stor gjenlukkbar plastpose; sette til side. For marinade, i en liten bolle, kombinere ½ kopp kokosmelk, hvitløk, ingefær, koriander, paprika, spisskummen og kardemomme. Hell marinaden over kyllingen i posen. Lukk posen og snu den slik at den dekker kyllingen. Plasser posen i middels bolle; mariner i kjøleskapet i 4 til 6 timer, snu posen av og til.

2. Forvarm slaktekylling. I en stor panne, varm 2 ss kokosolje over middels varme. Tilsett gulrøtter, selleri og løk; kok 6 til 8 minutter eller til grønnsakene er møre, rør av og til. Legg til jalapeños; kok og rør i ytterligere 1 minutt. Tilsett de uskrellede tomatene og tomatsausen. Kok opp; redusere varmen. La det småkoke uten lokk i ca 5 minutter eller til sausen tykner litt.

3. Tøm kyllingen, kast marinaden. Plasser kyllingbitene i et enkelt lag på den uoppvarmede rist i en grillpanne. Stek ved 5 til 6 tommer varme i 8 til 10 minutter eller til kyllingen ikke lenger er rosa, snu en gang halvveis i

tilberedningen. Tilsett de kokte kyllingbitene og den resterende ¼ koppen kokosmelk til tomatblandingen i pannen. Kok i 1-2 minutter eller til de er gjennomvarme. Fjern fra varme; rør inn garam masala.

4. Skjær av endene på zucchinien. Kutt zucchinien i lange, tynne strimler med en julienne-kutter. I en veldig stor panne, varm opp de resterende 2 ss kokosolje over middels høy varme. Tilsett zucchinistrimler og sort pepper. Kok og rør i 2 til 3 minutter eller til squashen er mør.

5. For å servere deler du squashen på fire serveringsfat. Topp med kyllingblanding. Pynt med korianderblader.

RAS EL HANOUT KYLLINGLÅR

OPPLÆRING:20 minutter å lage mat: 40 minutter Gjør: 4 porsjoner

RAS EL HANOUT ER ET KOMPLEKSOG EKSOTISK MAROKKANSK KRYDDERBLANDING. UTTRYKKET BETYR "BUTIKKEIER" PÅ ARABISK, NOE SOM BETYR AT DET ER EN UNIK BLANDING AV DE BESTE KRYDDERNE KRYDDERSELGEREN HAR Å TILBY. DET ER INGEN FAST OPPSKRIFT PÅ RAS EL HANOUT, MEN DEN INNEHOLDER OFTE EN BLANDING AV INGEFÆR, ANIS, KANEL, MUSKATNØTT, PEPPERKORN, NELLIK, KARDEMOMME, TØRKEDE BLOMSTER (SOM LAVENDEL OG ROSE), NIGELLA, MUSKATBLOMME, GALANGAL OG GURKEMEIE.

- 1 ss malt spisskummen
- 2 ts malt ingefær
- 1½ ts sort pepper
- 1½ ts malt kanel
- 1 ts malt koriander
- 1 ts kajennepepper
- 1 ts malt allehånde
- ½ ts malt nellik
- ¼ ts malt muskatnøtt
- 1 ts safran (valgfritt)
- 4 ss uraffinert kokosolje
- 8 utbenede kyllinglår
- 1 8-unse pakke fersk sopp, i skiver
- 1 kopp hakket løk
- 1 kopp hakket rød, gul eller grønn paprika (1 stor)

4 Roma tomater, kjernekjernet, frøsådd og hakket
4 fedd hvitløk, hakket
2 13,5-unse bokser naturlig kokosmelk (som Nature's Way)
3 til 4 ss fersk sitronsaft
¼ kopp finhakket fersk koriander

1. For ras el hanout, i en middels morter eller liten bolle, kombinere spisskummen, ingefær, sort pepper, kanel, koriander, cayennepepper, allehånde, nellik, muskatnøtt og, om ønskelig, safran. Mal med en støder eller rør med en skje for å blande godt. Sette til side.

2. Varm opp 2 ss kokosolje over middels varme i en veldig stor panne. Drypp kyllinglår med 1 ss ras el hanout. Legg kylling i pannen; kok i 5 til 6 minutter eller til de er brune, snu en gang halvveis i stekingen. Fjern kyllingen fra pannen; holde varm

3. Varm opp de resterende 2 ss kokosolje i samme panne på middels varme. Tilsett sopp, løk, paprika, tomater og hvitløk. Kok og rør i ca 5 minutter eller til grønnsakene er møre. Bland kokosmelken, sitronsaften og 1 ss ras el hanout. Ha kyllingen tilbake i pannen. Kok opp; redusere varmen. La det småkoke under lokk i ca 30 minutter eller til kyllingen er mør (175°F).

4. Server kyllingen, grønnsakene og sausen i boller. Pynt med koriander.

Merk: Oppbevar rester av Ras el Hanout i en tildekket beholder i opptil 1 måned.

STJERNEFRUKT ADOBO KYLLINGLÅR OVER KOKT SPINAT

OPPLÆRING: 40 minutter Marinering: 4 til 8 timer Matlaging: 45 minutter Gir: 4 porsjoner

TØRK EVENTUELT KYLLINGEN MED ET PAPIRHÅNDKLE ETTER AT DET KOMMER UT AV MARINADEN FØR DU BRUNER DET I PANNEN. EVENTUELL VÆSKE SOM ER IGJEN PÅ KJØTTET VIL SPRUTE INN I DEN VARME OLJEN.

8 utbenede kyllinglår (1½ til 2 pund), skinn på
¾ kopp hvit eller cidereddik
¾ kopp fersk appelsinjuice
½ kopp vann
¼ kopp hakket løk
¼ kopp frisk hakket koriander
4 fedd hvitløk, hakket
½ ts sort pepper
1 spiseskje olivenolje
1 stjerne frukt (carambola), i skiver
1 kopp kyllingbeinbuljong (se oppskrift) eller usaltet kyllingkraft
2 9-unse pakker med ferske spinatblader
Friske korianderblader (valgfritt)

1. Plasser kyllingen i en nederlandsk ovn av rustfritt stål eller emalje; sette til side. I en middels bolle kombinerer du eddik, appelsinjuice, vann, løk, ¼ kopp hakket koriander, hvitløk og pepper; hell over kyllingen. Dekk til og mariner i kjøleskapet i 4 til 8 timer.

2. Kok opp kyllingblandingen i nederlandsk ovn over middels høy varme; redusere varmen. Dekk til og la det småkoke i 35 til 40 minutter eller til kyllingen ikke lenger er rosa (175 °F).

3. Varm opp oljen over middels høy varme i en veldig stor panne. Fjern kyllingen fra den nederlandske ovnen med en tang, vend den forsiktig for å renne; reserver kokevæske. Brun kyllingen på alle sider, snu den ofte til jevn brun.

4. I mellomtiden, for sausen, sil av kokevæsken; tilbake til nederlandsk ovn. Kok opp. Kok i ca 4 minutter for å redusere og tykne litt; legg til stjernefrukt; kok i ytterligere 1 minutt. Sett kyllingen tilbake i sausen i den nederlandske ovnen. Fjern fra varme; dekk for å holde varmen.

5. Tørk av pannen. Hell kyllingbeinbuljongen i pannen. Kok opp over middels høy varme; rør inn spinaten. Reduserer varme; kok 1 til 2 minutter eller til spinaten er visnet, mens du rører hele tiden. Bruk en hullsleiv til å overføre spinaten til et serveringsfat. Topp med kylling og saus. Dryss eventuelt over korianderblader.

POBLANO KYLLINGTACO MED CHIPOTLE MAYO

OPPLÆRING:25 minutter baking: 40 minutter gjør: 4 porsjoner

SERVER DISSE ROTETE, MEN SMAKFULLE TACOENEMED EN GAFFEL FOR Å ØSE OPP EVENTUELT FYLL SOM FALLER UT AV KÅLBLADET MENS DU SPISER DET.

1 spiseskje olivenolje
2 poblano paprika, frøet (om ønskelig) og hakket (se Tips)
½ kopp hakket løk
3 fedd hvitløk, hakket
1 ss usaltet chilipulver
2 ts malt spisskummen
½ ts sort pepper
1 8-unse boks uten salt-tilsatt tomatsaus
¾ kopp kyllingbeinbuljong (se oppskrift) eller usaltet kyllingkraft
1 ts tørket meksikansk oregano, knust
1 til 1½ pund skinnfrie, benfrie kyllinglår
10 til 12 mellomstore til store kålblader
Chipotle Paleo Mayo (se oppskrift)

1. Forvarm ovnen til 350°F. I en stor, ildfast stekepanne, varm oljen over middels høy varme. Tilsett poblano chili, løk og hvitløk; kok og rør i 2 minutter. Rør inn chilipulver, spisskummen og sort pepper; kok og rør i 1 minutt til (reduser varmen om nødvendig for å hindre at krydder brenner seg).

2. Tilsett tomatsaus, kyllingbeinbuljong og oregano i pannen. Kok opp. Legg kyllinglårene forsiktig i

tomatblandingen. Dekk kjelen med et lokk. Stek i ca. 40 minutter eller til kyllingen er mør (175°F), snu kyllingen halvveis.

3. Fjern kyllingen fra pannen; den avkjøles litt. Bruk to gafler og riv kyllingen i små biter. Rør den strimlede kyllingen inn i tomatblandingen i en panne.

4. For å servere, øs kyllingblandingen inn i kålblader; topp med Chipotle Paleo Mayo.

KYLLINGGRYTE MED GULRØTTER OG BOK CHOY

OPPLÆRING:15 minutter matlaging: 24 minutter stå: 2 minutter gjør: 4 porsjoner

BABY BOK CHOY ER VELDIG DELIKATOG DET KAN KOKE FOR MYE PÅ ET ØYEBLIKK. FOR Å HOLDE DET SPRØTT OG FRISKT - IKKE VISNET OG BLØTT - SØRG FOR AT DET DAMPES I DEN VARME, DEKKEDE KJELEN (OVER VARME) I IKKE MER ENN 2 MINUTTER FØR DU SERVERER LAPSKAUSEN.

2 ss olivenolje

1 purre i skiver (hvit og lysegrønn del)

4 kopper kyllingbeinbuljong (se oppskrift) eller usaltet kyllingkraft

1 kopp tørr hvitvin

1 ss sennep i Dijon-stil (se oppskrift)

½ ts sort pepper

1 kvist fersk timian

1¼ pund skinnfri, benfri kyllinglår, kuttet i 1-tommers biter

8 gram babygulrøtter med topper, skrellet, trimmet og halvert på langs, eller 2 mellomstore gulrøtter, i skiver

2 ts finrevet sitronskall (sett til side)

1 ss fersk sitronsaft

2 hoder av baby bok choy

½ ts nyhakket timian

1. Varm opp 1 ss olivenolje over middels varme i en stor kjele. Kok purren i varm olje i 3 til 4 minutter eller til den er visnet. Tilsett kyllingbeinbuljong, vin, dijonsennep, ¼ teskje pepper og timiankvist. Kok opp; redusere varmen. Kok i 10 til 12 minutter eller til

væsken er redusert med omtrent en tredjedel. Kast timiankvisten.

2. I mellomtiden, i en nederlandsk ovn, varm gjenværende 1 ss olivenolje over middels høy varme. Dryss kyllingen med resterende ¼ ts pepper. Kok i varm olje i ca 3 minutter eller til de er brune, rør fra tid til annen. Tøm av fettet om nødvendig. Tilsett forsiktig den reduserte kraftblandingen i kjelen, og skrap opp eventuelle brune biter; tilsett gulrøtter. Kok opp; redusere varmen. La småkoke uten lokk i 8 til 10 minutter eller bare til gulrøttene er møre. Rør inn sitronsaften. Skjær bok choyen i to på langs. (Hvis bok choy-hodene er store, kutt i fire.) Legg bok choyen oppå kyllingen i gryten. Dekk til og fjern fra varmen; la det stå i 2 minutter.

3. Hell lapskausen i grunne boller. Dryss over sitronskall og hakket timian.

CASHEW-ORANSJE KYLLING OG STEKT PAPRIKA I SALATWRAPS

FRA BEGYNNELSE TIL SLUTT: 45 minutter gjør: 4 til 6 porsjoner

DU FINNER TO TYPERKOKOSOLJE I HYLLENE – RAFFINERT OG EKSTRA VIRGIN ELLER URAFFINERT. SOM NAVNET ANTYDER, ER EKSTRA VIRGIN KOKOSNØTTOLJE FRA DEN FØRSTE PRESSINGEN AV FERSKE, RÅ KOKOSNØTTER. DET ER ALLTID DET BESTE VALGET NÅR DU LAGER MAT OVER MIDDELS ELLER MIDDELS HØY VARME. RAFFINERT KOKOSNØTTOLJE HAR ET HØYERE RØYKEPUNKT, SÅ BRUK DEN KUN NÅR DU KOKER OVER HØY VARME.

- 1 ss raffinert kokosolje
- 1½ til 2 kg skinn- og benfri kyllinglår, kuttet i tynne strimler
- 3 røde, oransje og/eller gule søte paprika, stammet, frøet og i tynne skiver i små strimler
- 1 rødløk, halvert på langs og i tynne skiver
- 1 ts finrevet appelsinskall (sett til side)
- ½ kopp fersk appelsinjuice
- 1 ss nyhakket ingefær
- 3 fedd hvitløk, hakket
- 1 kopp usaltede rå cashewnøtter, stekt og grovhakket (se Tips)
- ½ kopp grønn te i skiver (4)
- 8 til 10 salatblader med smør eller isbergsalat

1. Varm kokosoljen over høy varme i en wok eller stor panne. Legg til kylling; kok og rør i 2 minutter. Tilsett

paprika og løk; kok og rør i 2 til 3 minutter eller til grønnsakene begynner å bli myke. Fjern kylling og grønnsaker fra woken; holde varm

2. Tørk av woken med et papirhåndkle. Tilsett appelsinjuicen i woken. Kok i ca 3 minutter eller til saften koker og reduserer litt. Tilsett ingefær og hvitløk. Kok og rør i 1 minutt. Legg kylling- og pepperblandingen i woken. Bland appelsinskall, cashew og te. De serveres stekt på salatblader.

VIETNAMESISK KYLLING MED KOKOS OG SITRONGRESS

FRA BEGYNNELSE TIL SLUTT:30 minutter gjør: 4 porsjoner

DENNE RASKE KOKOS CURRYDET KAN VÆRE PÅ BORDET INNEN 30 MINUTTER ETTER AT DU BEGYNNER Å MAKULERE, NOE SOM GJØR DET TIL ET IDEELT MÅLTID FOR EN TRAVEL UKEKVELD.

- 1 ss uraffinert kokosolje
- 4 stilker sitrongress (kun bleke deler)
- 1 3,2 unse pakke østerssopp, hakket
- 1 stor løk, i tynne skiver, ringer kuttet i to
- 1 fersk jalapeño, frøsådd og finhakket (se Tips)
- 2 ss frisk hakket ingefær
- 3 fedd hakket hvitløk
- 1½ kg skinn- og benfri kyllinglår, i tynne skiver og kuttet i små biter
- ½ kopp naturlig kokosmelk (som Nature's Way)
- ½ kopp kyllingbeinbuljong (se oppskrift) eller usaltet kyllingkraft
- 1 ss rødt karripulver uten salt
- ½ ts sort pepper
- ½ kopp nykuttede basilikumblader
- 2 ss fersk sitronsaft
- Usøtet revet kokosnøtt (valgfritt)

1. Varm opp kokosolje på middels varme i en veldig stor panne. Tilsett sitrongress; kok og rør i 1 minutt. Tilsett sopp, løk, jalapeño, ingefær og hvitløk; kok og rør i 2

minutter eller til løken er så vidt mør. Legg til kylling; stek i ca 3 minutter eller til kyllingen er gjennomstekt.

2. I en liten bolle kombinerer du kokosmelk, kyllingbeinbuljong, karripulver og sort pepper. Legg kyllingblandingen i pannen; kok i 1 minutt eller til væsken har tyknet litt. Fjern fra varme; rør inn fersk basilikum og sitronsaft. Hvis ønskelig, dryss porsjonene med kokos.

GRILLET KYLLINGSALAT OG EPLE-ESCAROLE

OPPLÆRING:30 minutter grill: 12 minutter gjør: 4 porsjoner

HVIS DU LIKER ET SØTERE EPLE,GÅ MED HONEYCRISP. HVIS DU LIKER ET SYRLIG EPLE, BRUK GRANNY SMITH, ELLER FOR BALANSE, PRØV EN BLANDING AV DE TO VARIANTENE.

3 mellomstore Honeycrisp eller Granny Smith epler
4 ts ekstra virgin olivenolje
½ kopp finhakket sjalottløk
2 ss hakket fersk persille
1 ss fjærfekrydder
3 til 4 escarolehoder, delt i kvarte
1 kg malt kylling- eller kalkunbryst
⅓ kopp hakkede ristede peanøtter*
⅓ kopp klassisk fransk vinaigrette (seoppskrift)

1. Halverde og kjernekjernet epler. Skrell og finhakk 1 av eplene. I en middels stekepanne, varm 1 ts olivenolje over middels varme. Tilsett hakket eple og sjalottløk; kok til den er myk. Rør inn persille og fjærfekrydder. Sett til side til avkjøling.

2. Skrell og del i mellomtiden de resterende 2 eplene. Pensle de kuttede sidene av epleskivene og escarole med resten av olivenoljen. Kombiner kylling og avkjølt epleblanding i en stor bolle. Del i åtte porsjoner; form hver del til en 2-tommers diameter patty.

3. For en kull- eller gassgrill legger du kyllingkjøttbollene og epleskivene på en direkte grill over middels varme.

Dekk til og grill i 10 minutter, snu en gang halvveis i stekingen. Tilsett escarole med kuttesiden ned. Dekk til og stek i 2 til 4 minutter eller til escarole er lett forkullet, epler er møre og kyllingkaker er ferdige (165 °F).

4. Grovhakk escarole. Fordel escaroleen mellom fire serveringsfat. Topp med kyllingkaker, epleskiver og hasselnøtter. Drypp med klassisk fransk vinaigrette.

*Tips: For å steke hasselnøtter, forvarm ovnen til 350 °F. Fordel valnøtter i et enkelt lag i en grunne ildfast form. Stek i 8 til 10 minutter eller til de er lett brune, rør en gang for jevn bruning. Avkjøl nøttene litt. Legg de varme nøttene på et rent kjøkkenhåndkle; gni med et håndkle for å fjerne løs hud.

TOSKANSK KYLLINGSUPPE MED KÅLBÅND

OPPLÆRING:15 minutter å lage mat: 20 minutter Gjør: 4 til 6 porsjoner

EN SKJE PESTO-DITT VALG AV BASILIKUM ELLER RUCCOLA - GIR GOD SMAK TIL DENNE VELSMAKENDE SUPPEN, KRYDRET MED FJÆRFEKRYDDER UTEN SALT. FOR Å HOLDE GRØNNKÅLSBÅNDENE LYSE GRØNNE OG SÅ NÆRINGSRIKE SOM MULIG, KOK DEM BARE TIL DE ER VISNE.

1 kilo malt kylling
2 ss krydder til fuglen uten salt
1 ts finhakket sitronskall
1 spiseskje olivenolje
1 kopp hakket løk
½ kopp hakkede gulrøtter
1 kopp hakket selleri
4 fedd hvitløk, kuttet i skiver
4 kopper kyllingbeinbuljong (se oppskrift) eller usaltet kyllingkraft
1 14,5 unse boks uten salt tilsatt ildstekte tomater, upresset
1 haug Lacinato (toskansk) grønnkål, stilker fjernet, kuttet i bånd
2 ss fersk sitronsaft
1 ts nyhakket timian
Basilikum eller ruccola pesto (se resept)

1. I en middels bolle kombinerer du malt kylling, fjærfekrydder og sitronskall. Rør godt om.

2. Varm opp olivenolje på middels varme i en nederlandsk ovn. Tilsett kyllingblanding, løk, gulrøtter og selleri; stek i 5 til 8 minutter eller til kyllingen ikke lenger er rosa, rør med en tresleiv for å bryte opp kjøttet og tilsett hvitløksfeddene i løpet av det siste minuttet av tilberedningen. Tilsett kyllingbeinbuljongen og tomatene. Kok opp; redusere varmen. Dekk til og la det småkoke i 15 minutter. Rør inn grønnkål, sitronsaft og timian. Kok uten lokk i ca 5 minutter eller til kålen er visnet.

3. For å servere helles suppen i serveringsboller og toppes med basilikum eller ruccolapesto.

KYLLING LÅR

OPPLÆRING:15 minutter koking: 8 minutter kald: 20 minutter gjør: 4 porsjoner

DENNE VERSJONEN AV DEN POPULÆRE THAILANDSKE RETTENAV STERKT KRYDRET MALT KYLLING OG GRØNNSAKER SERVERT I SALATBLADER ER UTROLIG LETT OG SMAKFULL - UTEN TILSATT SUKKER, SALT OG FISKESAUS (SOM ER SVÆRT HØY I NATRIUM) SOM TRADISJONELT ER EN DEL AV INGREDIENSLISTEN. MED HVITLØK, THAI CHILI, SITRONGRESS, SITRONSKALL, SITRONSAFT, MYNTE OG KORIANDER, VIL DU IKKE GÅ GLIPP AV DEM.

1 ss raffinert kokosolje

2 kilo malt kylling (95 % magert eller malt bryst)

8 gram knappsopp, finhakket

1 kopp finhakket rødløk

1 til 2 thailandske chilipepper, med frø og finhakket (seTips)

2 ss finhakket hvitløk

2 ss finhakket sitrongress*

¼ teskje malt nellik

¼ teskje svart pepper

1 ss finhakket sitronskall

½ kopp fersk sitronsaft

⅓ kopp godt pakket friske mynteblader, hakket

⅓ kopp tettpakket fersk koriander, hakket

1 hode isbergsalat, delt i blader

1. Varm kokosolje over middels høy varme i en veldig stor panne. Tilsett malt kylling, sopp, løk, chili, hvitløk,

sitrongress, nellik og sort pepper. Stek i 8 til 10 minutter eller til kyllingen er gjennomstekt, rør med en tresleiv for å bryte opp kjøttet mens det tilberedes. Tøm om nødvendig. Overfør kyllingblandingen til en veldig stor bolle. La avkjøles i ca. 20 minutter eller til litt varmere enn romtemperatur, rør av og til.

2. Rør inn sitronskall, sitronsaft, mynte og koriander i kyllingblandingen. Server i salatblader.

*Tips: For å forberede sitrongresset trenger du en skarp kniv. Klipp den treaktige stilken fra bunnen av stilken og de seige grønne bladene fra toppen av planten. Fjern de to tøffe ytre lagene. Du bør ha et stykke sitrongress som er omtrent 6 tommer langt og blek gul-hvitt. Skjær stilken i to horisontalt, og kutt deretter hver halvdel i to igjen. Skjær hver stilk fjerdedel veldig tynt.

KYLLINGBURGERE MED SZECHWAN CASHEWSAUS

OPPLÆRING:30 minutter tilberedning: 5 minutter grilling: 14 minutter gir: 4 porsjoner

CHILIOLJE OPPNÅDD VED OPPVARMINGOLIVENOLJE MED KVERNET RØD PEPPER KAN BRUKES PÅ ANDRE MÅTER. BRUK DEN TIL Å SAUTERE FERSKE GRØNNSAKER – ELLER SLENG DEM MED LITT CHILIOLJE FØR DU STEKER DEM.

- 2 ss olivenolje
- ¼ teskje malt rød pepper
- 2 kopper rå, ristede cashewbiter (se Tips)
- ¼ kopp olivenolje
- ½ kopp strimlet zucchini
- ¼ kopp finhakket gressløk
- 2 fedd hvitløk, hakket
- 2 ts finhakket sitronskall
- 2 ts nyrevet ingefær
- 1 kg malt kylling- eller kalkunbryst

SZECHWAN CASHEWSAUS
- 1 spiseskje olivenolje
- 2 ss finhakket tåke
- 1 ss nyrevet ingefær
- 1 ts kinesisk femkrydderpulver
- 1 ts fersk sitronsaft
- 4 grønne blader eller salatblader

1. For chiliolje, kombinere olivenolje og knust rød pepper i en liten kjele. Varm opp på lav varme i 5 minutter. Fjern fra varme; la det avkjøles.

2. Til cashewsmøret legger du cashewnøtter og 1 ss olivenolje i en blender. Dekk til og bland til det er kremaktig, stopp for å skrape ned sidene etter behov og tilsett ekstra olivenolje, 1 ss om gangen, til alle ¼ kopper er brukt og smøret er veldig mykt; sette til side.

3. Kombiner zucchini, gressløk, hvitløk, sitronskall og 2 ts ingefær i en stor bolle. Tilsett malt kylling; Rør godt om. Form kyllingblandingen til fire ½-tommers tykke bøffer.

4. For en kull- eller gassgrill legger du kjøttbollene på den smurte grillen rett over middels varme. Dekk til og grill i 14 til 16 minutter eller til den er ferdig (165 °F), snu en gang halvveis gjennom grillingen.

5. I mellomtiden, for sausen, varm olivenolje i en liten panne på middels varme. Tilsett løken og 1 ss ingefær; kok over middels lav varme i 2 minutter eller til teene er myke. Tilsett ½ kopp cashewsmør (avkjøl rester av cashewsmør i opptil 1 uke), chiliolje, sitronsaft og pulver med fem krydder. Kok i ytterligere 2 minutter. Fjern fra varme.

6. Server kjøttbollene på salatbladene. Drypp med saus.

TYRKISK KYLLINGWRAP

OPPLÆRING:25 minutter stående: 15 minutter matlaging: 8 minutter gir: 4 til 6 porsjoner

"BAHARAT" BETYR GANSKE ENKELT "KRYDDER" PÅ ARABISK.ET UNIVERSELT KRYDDER I MIDTØSTEN-KJØKKENET, BRUKES DET OFTE SOM GNI PÅ FISK, FJÆRFE OG KJØTT, ELLER BLANDET MED OLIVENOLJE OG BRUKT SOM GRØNNSAKSMARINADE. KOMBINASJONEN AV VARME OG SØTE KRYDDER SOM KANEL, SPISSKUMMEN, KORIANDER, NELLIK OG PAPRIKA GJØR DEN SPESIELT SMAKFULL. TILSETNINGEN AV TØRKET MYNTE ER ET TYRKISK PREG.

⅓ kopp hakkede tørkede usvovelede aprikoser
⅓ kopp hakkede tørkede fiken
1 ss uraffinert kokosolje
1½ kg malt kyllingbryst
3 kopper oppskåret purre (kun hvite og lysegrønne deler) (3)
⅔ av en middels grønn og/eller rød paprika, i tynne skiver
2 ss Baharat-krydder (se oppskrift, Nedre)
2 fedd hvitløk, hakket
1 kopp tomater i terninger, uten frø (2 mellomstore)
1 kopp hakket agurk, uten frø (½ middels)
½ kopp hakkede usaltede pistasjenøtter, ristede (se Tips)
¼ kopp hakket fersk mynte
¼ kopp hakket fersk persille
8 til 12 store salat- eller bibbblader

1. Legg aprikoser og fiken i en liten bolle. Tilsett ⅔ kopp kokende vann; la det sitte i 15 minutter. Tøm, ta vare på ½ kopp væske.

2. I mellomtiden, i en veldig stor stekepanne, varm kokosolje over middels varme. Tilsett malt kylling; kok i 3 minutter, rør med en tresleiv for å bryte opp kjøttet mens det koker. Tilsett purre, søt pepper, Baharat-krydder og hvitløk; kok og rør i ca 3 minutter eller til kyllingen er ferdig og pepperen er akkurat mør. Tilsett aprikoser, fiken, reservert væske, tomater og agurker. Kok og rør i ca 2 minutter eller til tomatene og agurkene begynner å brytes ned. Rør inn pistasjenøtter, mynte og persille.

3. Server kyllingen og grønnsakene i salatblader.

Krydder: Kombiner 2 ss paprika i en liten bolle; 1 skje svart pepper; 2 ts tørr mynte, finhakket; 2 ts malt spisskummen; 2 ts malt koriander; 2 ts malt kanel; 2 ts malt nellik; 1 ts malt muskatnøtt; og 1 ts malt kardemomme. Oppbevares i en tett lukket beholder ved romtemperatur. Gir ca ½ kopp.

www.ingramcontent.com/pod-product-compliance
Lightning Source LLC
Chambersburg PA
CBHW070421120526
44590CB00014B/1479